WANG GUO WEI
GUO XUE
JING JIE

王国维
国学境界

王国维 著

当代世界出版社
THE CONTEMPORARY WORLD PRESS

图书在版编目（CIP）数据

王国维：国学境界 / 王国维著. -- 北京：当代世界出版社，2017.1
（名家国学大观 / 黄懿煊主编）
ISBN 978-7-5090-1159-1

Ⅰ．①王… Ⅱ．①王… Ⅲ．①国学－文集 Ⅳ．①Z126.27-53

中国版本图书馆CIP数据核字（2016）第274387号

出版发行：当代世界出版社
地　　址：北京市复兴路4号（100860）
网　　址：http://www.worldpress.com.cn
编务电话：（010）83907332
发行电话：（010）83908409
　　　　　（010）83908455
　　　　　（010）83908377
　　　　　（010）83908423（邮购）
　　　　　（010）83908410（传真）
经　　销：全国新华书店
印　　刷：三河市兴国印务有限公司
开　　本：620毫米×889毫米　1/16
印　　张：15
字　　数：220千字
版　　次：2017年1月第1版
印　　次：2017年1月第1次
书　　号：ISBN 978-7-5090-1159-1
定　　价：42元

如发现印装质量问题，请与承印厂联系调换。
版权所有，翻版必究；未经许可，不得转载！

目录

静安文学思辨

- 001- 人间词话 上
- 022- 人间词话 下
- 038- 《红楼梦》评论
- 066- 戏曲考源

静安追本溯源

- 099- 《流沙坠简》序
- 110- 《流沙坠简》后序
- 114- 古史新证
- 125- 殷周制度论
- 144- 中国历代之尺度
- 151- 度量权衡变迁之定例
- 154- 地理考源
- 181- 魏石经考
- 198- 简牍检署考
- 228- 《宋代金文著录表》序

静安文学思辨

人间词话 上

一

词以境界为最上。有境界,则自成高格,自有名句。五代、北宋之词所以独绝者在此。

二

有造境,有写境,此"理想"与"写实"二派之所由分。然二者颇难分别,因大诗人所造之境必合乎自然,所写之境亦必邻于理想故也。

三

有有我之境,有无我之境。"泪眼问花花不语,乱红飞过秋千去"，"可堪孤馆闭春寒，杜鹃声里斜阳暮"，有我之境也。"采菊东篱下，悠然见南山"，"寒波澹澹起，白鸟悠悠下"，无我之境也。有我之境，以我观物，故物皆著我之色彩。无我之境，以物观物，故不知何者为我，何者为物。古人为词，写有我之境者为多。然未始不能写无我之境，此在豪杰之士能自树立耳。

四

无我之境，人惟于静中得之。有我之境，于由动之静时得之。故一优美，一宏壮也。

五

自然中之物，互相关系，互相限制。然其写之于文学及美术中也，必遗其关系限制之处。故虽写实家，亦理想家也。又虽如何虚构之境，其材料必求之于自然，而其构造亦必从自然之法律。故虽理想家，亦写实家也。

六

境，非独谓景物也，喜怒哀乐亦人心中之一境界。故能写真景物、真感情者,谓之有境界。否则谓之无境界。

七

"红杏枝头春意闹",著一"闹"字,而境界全出;"云破月来花弄影",著一"弄"字,而境界全出矣。

八

境界有大小,不以是而分优劣。"细雨鱼儿出,微风燕子斜",何遽不若"落日照大旗,马鸣风萧萧"?"宝帘闲挂小银钩",何遽不若"雾失楼台,月迷津渡"也。

九

严沧浪《诗话》谓:"盛唐诸公,惟在兴趣,羚羊挂角,无迹可求。故其妙处,透澈玲珑,不可凑拍,如空中之音,相中之色,水中之影,镜中之象,言有尽而意无穷。"余谓北宋以前之词亦复如是。然沧浪所谓"兴趣",阮亭所谓"神韵",犹不过道其面目,不若鄙人拈出"境界"二字为探其本也。

十

太白纯以气象胜。"西风残照，汉家陵阙"，寥寥八字，遂关千古登临之口。后世惟范文正之《渔家傲》、夏英公之《喜迁莺》，差足继武，然气象已不逮矣。

十一

张皋文谓飞卿之词"深美闳约"，余谓此四字惟冯正中足以当之。刘融斋谓飞卿"精艳绝人"，差近之耳。

十二

"画屏金鹧鸪"，飞卿语也，其词品似之。"弦上黄莺语"，端己语也，其词品亦似之。正中词品，若欲于其词句中求之，则"和泪试严妆"，殆近之欤。

十三

南唐中主词："菡萏香销翠叶残，西风愁起绿波间"，大有众芳芜秽，美人迟暮之感。乃古今独赏其"细雨梦回鸡塞远，小楼吹彻玉笙寒"，故知解人正不易得。

十四

温飞卿之词，句秀也；韦端己之词，骨秀也；李重光之词，神秀也。

十五

词至李后主而眼界始大，感慨遂深，遂变伶工之词而为士大夫之词。周介存置诸温、韦之下，可谓颠倒黑白矣。"自是人生长恨水长东"，"流水落花春去也，天上人间"，《金荃》《浣花》能有此气象耶？

十六

词人者，不失其赤子之心者也。故生于深宫之中，长于妇人之手，是后主为人君所短处，亦即为词人所长处。

十七

　　客观之诗人不可不多阅世，阅世愈深则材料愈丰富、愈变化，《水浒传》《红楼梦》之作者是也。主观之诗人不必多阅世，阅世愈浅则性情愈真，李后主是也。

十八

　　尼采谓："一切文学，余爱以血书者。"后主之词，真所谓以血书者也。宋道君皇帝《燕山亭》词亦略似之。然道君不过自道身世之戚，后主则俨有释迦、基督担荷人类罪恶之意，其大小固不同矣。

十九

　　冯正中词虽不失五代风格，而堂庑特大，开北宋一代风气。与（中、后二主词皆在《花间》范围之外，宜《花间集》中不登其只字也。）

二十

正中词除《鹊踏枝》《菩萨蛮》十数阕最煊赫外，如《醉花间》之"高树鹊衔巢，斜月明寒草"，余谓韦苏州之"流萤渡高阁"，孟襄阳之"疏雨滴梧桐"不能过也。

二一

欧九《浣溪沙》词："绿杨楼外出秋千"，晁补之谓只一"出"字，便后人所不能道。余谓此本于正中《上行杯》词："柳外秋千出画墙"，但欧语尤工耳。

二十二

梅圣俞《苏幕遮》词："落尽梨花春事了，满地斜阳，翠色和烟老。"刘融斋谓少游一生似专学此种。余谓冯正中《玉楼春》词："芳菲次第长相续，自是情多无处足，尊前百计得春归，莫为伤春眉黛促。"永叔一生似专学此种。

二十三

人知和靖《点绛唇》、圣俞《苏幕遮》、永叔《少年游》三阕为咏春草绝调,不知先有正中"细雨湿流光"五字,皆能摄春草之魂者也。

二十四

《诗·蒹葭》一篇,最得风人深致。晏同叔之"昨夜西风凋碧树,独上高楼,望尽天涯路",意颇近之。但一洒落,一悲壮耳。

二十五

"我瞻四方,蹙蹙靡所骋",诗人之忧生也。"昨夜西风凋碧树,独上高楼,望尽天涯路"似之。"终日驰车走,不见所问津",诗人之忧世也。"百草千花寒食路,香车系在谁家树"似之。

二十六

古今之成大事业、大学问者,必经过三种之境界:"昨夜西风凋碧树。独上高楼,望尽天涯路",此第一境也。"衣带渐宽终不悔,为伊消得人憔悴",此第二境也。"众里寻他千百度,回头蓦见,那人正在灯火阑珊处",此第三境也。此等语皆非大词人不能道。然遽以此意解释诸词,恐晏、欧诸公所不许也。

二十七

永叔"人间自是有情痴,此恨不关风与月","直须看尽洛城花,始与东风容易别",于豪放之中有沉著之致,所以尤高。

二十八

冯梦华《宋六十一家词选·序例》谓:"淮海、小山,古之伤心人也,其淡语皆有味,浅语皆有致。"余谓此惟淮海足以当之。小山矜贵有余,但可方驾子野、方回,未足抗衡淮海也。

二十九

少游词境最为凄惋,至"可堪孤馆闭春寒,杜鹃声里斜阳暮",则变而凄厉矣。东坡赏其后二语,犹为皮相。

三十

"风雨如晦,鸡鸣不已","山峻高以蔽日兮,下幽晦以多雨。霰雪纷其无垠兮,云霏霏而承宇","树树皆秋色,山山尽落晖","可堪孤馆闭春寒,杜鹃声里斜阳暮",气象皆相似。

三十一

昭明太子称陶渊明诗"跌宕昭彰,独超众类,抑扬爽朗,莫之与京"。王无功称薛收赋"韵趣高奇,词义晦远,嵯峨萧瑟,真不可言"。词中惜少此二种气象,前者惟东坡,后者惟白石,略得一二耳。

三十二

词之雅郑,在神不在貌。永叔、少游虽作艳语,终有品格。方之美成,便有淑女与倡伎之别。

三十三

美成深远之致不及欧、秦,惟言情体物,穷极工巧,故不失为第一流之作者。但恨创调之才多,创意之才少耳。

三十四

词忌用替代字。美成《解语花》之"桂花流瓦",境界极妙,惜以"桂花"二字代"月"耳。梦窗以下,则用代字更多。其所以然者,非意不足,则语不妙也。盖意足则不暇代,语妙则不必代。此少游之"小楼连苑","绣毂雕鞍"所以为东坡所讥也。

三十五

沈伯时《乐府指迷》云:"说桃不可直说破'桃',须用'红雨'、'刘郎'等字;说柳不可直说破'柳',须用'章台'、'霸岸'等字。"若惟恐人不用代字者。果以是为工,则古今类书具在,又安用词为耶?宜其为《提要》所讥也。

三十六

美成《青玉案》词:"叶上初阳干宿雨,水面清圆,一一风荷举。"(此真能得荷之神理者。觉白石《念奴娇》《惜红衣》二词犹有隔雾看花之恨。)

三十七

东坡《水龙吟·咏杨花》,和均而似原唱;章质夫词,原唱而似和均。才之不可强也如是!

三十八

咏物之词,自以东坡《水龙吟》为最工。邦卿《双双燕》次之。白石《暗香》《疏影》格调虽高,然无一语道著,视古人"江边一树垂垂发"等句何如耶?

三十九

白石写景之作,如"二十四桥仍在,波心荡、冷月无声","数峰清苦,商略黄昏雨","高树晚蝉,说西风消息",虽格韵高绝,然如雾里看花,终隔一层。梅溪、梦窗诸家写景之病,皆在一"隔"字。北宋风流,渡江遂绝,抑真有运会存乎其间耶?

四十

问"隔"与"不隔"之别,曰:陶、谢之诗不隔,延年则稍隔矣;东坡之诗不隔,山谷则稍隔矣。"池塘生春草","空梁落燕泥"等二句,妙处惟在不隔。词亦如是。即以一人一词论,如欧阳公《少年游》咏春草上半阕云:"阑干十二独凭春,晴碧远连云,二月三月,千里万里,行色苦愁人。"语语都在目前,便是不隔。至云"谢家池上,江淹浦畔",则隔矣。白石《翠楼吟》:"此地,宜有词仙,拥素云黄鹤,与君游戏。玉梯凝望久,叹芳草萋萋千里。"便是不隔。至"酒祓清愁,花消英气",则隔矣。然南宋词虽不隔处,比之前人,自有浅深厚薄之别。

四十一

"生年不满百,常怀千岁忧。昼短苦夜长,何不秉烛游。""服食求神仙,多为药所误。不如饮美酒,被服纨与素。"写情如此,方为不隔。"采菊东篱下,悠然见南山。山气日夕佳,飞鸟相与还。""天似穹庐,笼盖四野。天苍苍,野茫茫,风吹草低见牛羊。"写景如此,方为不隔。

四十二

古今词人格调之高,无如白石。惜不于意境上用力,故觉无言外之味,弦外之响,终不能与于第一流之作者也。

四十三

南宋词人,白石有格而无情,剑南有气而乏韵,其堪与北宋人颉颃者,惟一幼安耳。近人祖南宋而祧北宋,以南宋之词可学,北宋不可学也。学南宋者,不祖白石,则祖梦窗,以白石、梦窗可学,幼安不可学也。学幼安者,率祖其粗犷滑稽,以其粗犷滑稽处可学,佳处不可学也。幼安之佳处,在有性情,有境界。即以气象论,亦有"傍素波、干青云"之概。宁后世龌龊小生所可拟耶?

四十四

东坡之词旷,稼轩之词豪。无二人之胸襟而学其词,犹东施之效捧心也。

四十五

读东坡、稼轩词,须观其雅量高致,有伯夷、柳下惠之风。白石虽似蝉蜕尘埃,然终不免局促辕下。

四十六

苏、辛词中之狂,白石犹不失为狷,若梦窗、梅溪、玉田、草窗、西麓辈,面目不同,同归于乡愿而已。

四十七

稼轩中秋饮酒达旦,用《天问》体作《木兰花慢》以送月。曰:"可怜今夕月,向何处,去悠悠?是别有人间,那边才见,光景东头。"词人想象,直悟月轮绕地之理,与科学家密合,可谓神悟。

四十八

周介存谓:"梅溪词中喜用'偷'字,足以定其品格。"刘融斋谓"周旨荡而史意贪。"此二语令人解颐。

四十九

周介存谓："梦窗词之佳者，如水光云影，摇荡绿波，抚玩无极，追寻已远。"余览《梦窗甲乙丙丁稿》中，实无足当此者。有之，其"隔江人在雨声中，晚风菰叶生秋怨"二语乎？

五十

梦窗之词，余得取其词中之一语以评之，曰："映梦窗，凌乱碧。"玉田之词，余得取其词中之一语以评之，曰："玉老田荒。"

五十一

"明月照积雪"，"大江流日夜"，"中天悬明月"，"黄河落日圆"，此种境界，可谓千古壮观。求之于词，惟纳兰容若塞上之作，如《长相思》之"夜深千帐灯"、《如梦令》之"万帐穹庐人醉，星影摇摇欲坠"，差近之。

五十二

纳兰容若以自然之眼观物,以自然之舌言情。此由初入中原,未染汉人风气,故能真切如此。北宋以来,一人而已。

五十三

陆放翁跋《花间集》,谓:"唐宋五代,诗愈卑,而倚声辄简古可爱。能此不能彼,未易以理推也。"《提要》驳之,谓:"犹能举七十斤者,举百斤则蹶,举五十斤则运掉自如。"其言甚辨。然谓词必易于诗,余未敢信。善乎陈卧子之言曰:"宋人不知诗而强作诗,故终宋之世无诗。然其欢愉愁苦之致,动于中而不能抑者,类发于诗余,故其所造独工。"五代词之所以独胜,亦以此也。

五十四

四言敝而有楚辞,楚辞敝而有五言,五言敝而有七言,古诗敝而有律绝,律绝敝而有词。盖文体通行既久,染指遂多,自成习套。豪杰之士,亦难于其中自出新意,故遁而作他体,以自解脱,一切文体所以始盛终衰者,皆由于此。故谓文学后不如前,余未敢信。但就一体论，则此说固无以易也。

五十五

诗之三百篇、十九首，词之五代、北宋，皆无题也。非无题也，诗词中之意，不能以题尽之也。自《花庵》《草堂》每调立题，并古人无题之词亦为之作题。如观一幅佳山水，而即曰此某山某河，可乎？诗有题而诗亡，词有题而词亡。然中材之士，鲜能知此而自振拔者矣。

五十六

大家之作，其言情也必沁人心脾，其写景也必豁人耳目，其辞脱口而出，无矫揉妆束之态。以其所见者真，所知者深也。诗词皆然。持此以衡古今之作者，可无大误矣。

五十七

人能于诗词中不为美刺投赠之篇，不使隶事之句，不用粉饰之字，则于此道已过半矣。

五十八

以《长恨歌》之壮采,而所隶之事,只"小玉双成"四字,才有余也。梅村歌行,则非隶事不办。白、吴优劣,即于此见。不独作诗为然,填词家亦不可不知也!

五十九

近体诗体制,以五七言绝句为最尊,律诗次之,排律最下。盖此体于寄兴言情,两无所当,殆有均之骈体文耳。词中小令如绝句,长调似律诗,若长调之《百字令》《沁园春》等,则近于排律矣。

六十

诗人对宇宙人生,须入乎其内,又须出乎其外。入乎其内,故能写之,出乎其外,故能观之。入乎其内,故有生气;出乎其外,故有高致。美成能入而不能出,白石以降,于此二事皆未梦见。

六十一

诗人必有轻视外物之意,故能以奴仆命风月。又必有重视外物之意,故能与花鸟共忧乐。

六十二

"昔为倡家女,今为荡子妇。荡子行不归,空床难独守。""何不策高足,先据要路津?无为守贫贱,轗轲长苦辛。"可谓淫鄙之尤。然无视为淫词、鄙词者,以其真也。五代、北宋之大词人亦然,非无淫词,读之者但觉其亲切动人;非无鄙词,但觉其精力弥满。可知淫词与鄙词之病,非淫与鄙之病,而游词之病也。"岂不尔思,室是远而,"而子曰:"未之思也,夫何远之有?"恶其游也。

六十三

"枯藤老树昏鸦,小桥流水人家,古道西风瘦马。夕阳西下,断肠人在天涯。"此元人马东篱《天净沙》小令也。寥寥数语,深得唐人绝句妙境。有元一代词家,皆不能办此也。

六十四

白仁甫《秋夜梧桐雨》剧,沉雄悲壮,为元曲冠冕。然所作《天籁词》,粗浅之甚,不足为稼轩奴隶。创者易工而因者难巧欤?抑人各有能有不能也?读者观欧、秦之诗远不如词,足透此中消息。

人间词话 下

一

白石之词,余所最爱者,亦仅二语,曰:"淮南皓月冷千山,冥冥归去无人管。"

二

双声、叠韵之论,盛于六朝,唐人犹多用之。至宋以后,则渐不讲,并不知二者为何物。乾嘉间,吾乡周松霭先生(春)著《杜诗双声叠韵谱括略》,正千余年之误,可谓有功文苑者矣。其言曰:"两字同母谓之双声,两字同韵谓之叠韵。"余按:用今日各国文法通用之语表之,则两字同一子音者谓之双声。如《南史·羊元保传》之"官家恨狭,更广八分","官"、"家""更"、"广"四字,皆从 k 得声。《洛阳伽蓝记》之"狞奴慢骂","狞"、"奴"两字,皆从 n 得声。"慢"、"骂"两字，皆从 m 得声也。两字同一母音者，谓之叠韵。如梁武帝之"后牖有朽柳"，"后"、"牖"、"有"三字，双声而兼叠韵。"有"、"朽"、"柳"三字，其母音皆为 U。刘孝绰之"梁皇长康强"，"梁"、"长"、"强"三字，其母音皆为 ang 也。自李淑《诗苑》伪造沈约之说，以双声叠韵为诗中八病之二，后世诗家多废而不讲，亦不复用之于词。余谓苟于词之荡漾处多用叠韵，促节处用双声，则其铿锵可诵，必有过于前人者。惜世之专讲音律者，尚未悟此也。

三

诗至唐中叶以后，殆为羔雁之具矣。故五代北宋之诗，佳者绝少，而词则为其极盛时代。即诗词兼擅如永叔、少游者，词胜于诗远甚。以其写之于诗者，不若写之于词者之真也。至南宋以后，词亦为羔雁之具，而词亦替矣。此亦文学升降之一关键也。

四

曾纯甫中秋应制，作《壶中天慢》词，自注云："是夜，西兴亦闻天乐。"谓宫中乐声，闻于隔岸也。毛子晋谓："天神亦不以人废言。"近冯梦华复辨其诬。不解"天乐"二字文义，殊笑人也。

五

北宋名家以方回为最次。其词如历下、新城之诗，非不华瞻，惜少真味。

六

散文易学而难工，骈文难学而易工。近体诗易学而难工，古体诗难学而易工。小令易学而难工，长调难学而易工。

七

古诗云："谁能思不歌？谁能饥不食？"诗词者，物之不得其平而鸣者也。故欢愉之辞难工，愁苦之言易巧。

八

社会上之习惯，杀许多之善人。文学上之习惯，杀许多之天才。

九

昔人论诗词,有景语、情语之别。不知一切景语,皆情语也。

十

词家多以景寓情。其专作情语而绝妙者,如牛峤之"须作一生拚,尽君今日欢。"顾夐之"换我心为你心,始知相忆深。"欧阳修之"衣带渐宽终不悔,为伊消得人憔悴。"美成之"许多烦恼,只为当时,一晌留情。"此等词求之古今人词中,曾不多见。

十一

词之为体,要眇宜修。能言诗之所不能言,而不能尽言诗之所能言。诗之境阔,词之言长。

十二

言气质,言神韵,不如言境界。有境界,本也。气质、神韵,末也。有境界而二者随之矣。

十三

"西风吹渭水,落叶满长安。"美成以之入词,白仁甫以之入曲,此借古人之境界为我之境界者也。然非自有境界,古人亦不为我用。

十四

长调自以周、柳、苏、辛为最工。美成《浪淘沙慢》二词,精壮顿挫,已开北曲之先声。若屯田之《八声甘州》,东坡之《水调歌头》,则伫兴之作,格高千古,不能以常调论也。

十五

稼轩《贺新郎》词(送茂嘉十二弟),章法绝妙。且语语有境界,此能品而几于神者。然非有意为之,故后人不能学也。

十六

稼轩《贺新郎》词:"柳暗凌波路。送春归、猛风暴雨,一番新绿。"又《定风波》词:"从此酒酣明月夜。耳热。""绿"、"热"

二字,皆作上去用。与韩玉《东浦词·贺新郎》以"玉"、"曲"叶"注"、"女",《卜算子》以"夜"、"谢"叶"食"、"月",已开北曲四声通押之祖。

十七

谭复堂《箧中词选》谓:"蒋鹿潭《水云楼词》与成容若、项莲生,三百年间分鼎三足。"然《水云楼词》,小令颇有境界,长调唯存气格。《忆云词》精实有余,超逸不足,皆不足与容若比。然视皋文、止庵辈,则偶乎远矣。

十八

词家时代之说,盛于国初。竹垞谓:词至北宋而大,至南宋而深。后此词人,群奉其说。然其中亦非无具眼者。周保绪曰:"南宋下不犯北宋拙率之病,高不到北宋浑涵之诣。"又曰:"北宋词多就景叙情,故珠圆玉润,四照玲珑。至稼轩、白石,一变而为即事叙景,故深者反浅,曲者反直。"潘四农(德舆)曰:"词滥觞于唐,畅于五代,而意格之闳深曲挚,则莫盛于北宋。词之有北宋,犹诗之有盛唐。至南宋则稍衰矣。"刘融斋(熙载)曰:"北宋词用密亦疏、用隐亦亮、用沈亦快、用细亦阔、用精亦浑。南宋只是掉转过来。"可知此事自有公论。虽止庵词颇浅薄，潘刘尤甚。然其推尊北宋，则与明季云间诸公，同一卓识也。

十九

唐五代北宋词，可谓生香真色。若云间诸公，则彩花耳。湘真且然，况其次也者乎？

二十

《衍波词》之佳者，颇似贺方回。虽不及容若，要在浙中诸子之上。

二十一

近人词如《复堂词》之深婉，《彊村词》之隐秀，皆在半塘老人之上。彊村学梦窗而情味较梦窗反胜。盖有临川、庐陵之高华，而济以白石之疏越者。学人之词，斯为极则。然古人自然神妙处，尚未见及。

二十二

宋直方《蝶恋花》:"新样罗衣浑弃却,犹寻旧日春衫著。"谭复堂《蝶恋花》:"连理枝头侬与汝,千花百草从渠许。"可谓寄兴深微。

二十三

《半唐丁稿》中和冯正中《鹊踏枝》十阕,乃鹜翁词之最精者。"望远愁多休纵目"等阕,郁伊惝怳,令人不能为怀。定稿只存六阕,殊为未允也。

二十四

固哉,皋文之为词也!飞卿《菩萨蛮》、永叔《蝶恋花》、子瞻《卜算子》,皆兴到之作,有何命意?皆被皋文深文罗织。阮亭《花草蒙拾》谓:"坡公命宫磨蝎,生前为王珪、舒亶辈所苦,身后又硬受此差排。"由今观之,受差排者,独一坡公已耶?

二十五

贺黄公谓:"姜论史词,不称其'软语商量',而赏其'柳暗花暝',固知不免项羽学兵法之恨。"然"柳暗花暝"自是欧秦辈句法,前后有画工、化工之殊。吾从白石,不能附和黄公矣。

二十六

"池塘春草谢家春,万古千秋五字新。传语闭门陈正字,可怜无补费精神。"此遗山《论诗绝句》也。梦窗、玉田辈,当不乐闻此语。

二十七

朱子《清邃阁论诗》谓:"古人诗中有句,今人诗更无句,只是一直说将去。这般诗一日作百首也得。"余谓北宋之词有句,南宋以后便无句。如玉田、草窗之词,所谓"一日作百首也得"者也。

二十八

朱子谓:"梅圣俞诗,不是平淡,乃是枯槁。"余谓草窗、玉田之词亦然。

二十九

"自怜诗酒瘦,难应接,许多春色。""能几番游?看花又是明年。"此等语亦算警句耶?乃值如许笔力!

三十

文文山词,风骨甚高,亦有境界,远在圣与、叔夏、公谨诸公之上。亦如明初诚意伯词,非季迪、孟载诸人所敢望也。

三十一

和凝《长命女》词:"天欲晓。宫漏穿花声缭绕,窗里星光少。冷霞寒侵帐额,残月光沉树杪。梦断锦闱空悄悄。强起愁眉小。"此词前半,不减夏英公《喜迁莺》也。

三十二

宋李希声《诗话》曰:"古人作诗,正以风调高古为主。虽意远语疏,皆为佳作。后人有切近的当、气格凡下者,终使人可憎。"余谓北宋词亦不妨疏远。若梅溪以降,正所谓"切近的当、气格凡下者"也。

三十三

自竹垞痛贬《草堂诗余》而推《绝妙好词》,后人群附和之。不知《草堂》虽有亵诨之作,然佳词恒得十之六七。《绝妙好词》则除张范辛刘诸家外,十之八九,皆极无聊赖之词。古人云:小好小惭,大好大惭,洵非虚语。

三十四

梅溪、梦窗、玉田、草窗、西麓诸家,词虽不同,然同失之肤浅。虽时代使然,亦其才分有限也。近人弃周鼎而宝康瓠,实难索解。

三十五

余友沈昕伯（纮）自巴黎寄余《蝶恋花》一阕云："帘外东风随燕到。春色东来，循我来时道。一霎围场生绿草，归迟却怨春来早。锦绣一城春水绕。庭院笙歌，行乐多年少。著意来开孤客抱，不知名字闲花鸟。"此词当在晏氏父子间，南宋人不能道也。

三十六

"君王枉把平陈业，换得雷塘数亩田。"政治家之言也。"长陵亦是闲丘陇，异日谁知与仲多？"诗人之言也。政治家之眼，域于一人一事。诗人之眼，则通古今而观之。词人观物，须用诗人之眼，不可用政治家之眼。故感事、怀古等作，当与寿词同为词家所禁也。

三十七

宋人小说，多不足信。如《雪舟脞语》谓：台州知府唐仲友眷官伎严蕊奴。朱晦庵系治之。及晦庵移去，提刑岳霖行部至台，蕊乞自便。岳问曰："去将安归？"蕊赋《卜算子》词云："住也如何住"云云。案：此词系仲友戚高宣教作，使蕊歌以侑觞者，见朱子《纠唐仲友奏牍》。则《齐东野语》所纪朱唐公案，恐亦未可信也。

三十八

《沧浪》《凤兮》二歌，已开《楚辞》体格。然楚辞之最工者，推屈原、宋玉，而后此王褒、刘向之词不与焉。五古之最工者，实推阮嗣宗、左太冲、郭景纯、陶渊明，而前此曹、刘，后此陈子昂、李太白不与焉。词之最工者，实推后主、正中、永叔、少游、美成，而后此南宋诸公不与焉。

三十九

唐五代之词，有句而无篇。南宋名家之词，有篇而无句。有篇有句，惟李后主降宋后之作，及永叔、子瞻、少游、美成、稼轩数人而已。

四十

读《会真记》者,恶张生之薄幸悻,而恕其奸非。读《水浒传》者,恕宋江之横暴,而责其深险。此人人之所同也。故艳词可作,惟万不可作儇薄语。龚定庵诗云:"偶赋凌云偶倦飞,偶然闲慕遂初衣。偶逢锦瑟佳人问,便说寻春为汝归。"其人之凉薄无行,跃然纸墨间。余辈读耆卿、伯可词,亦有此感。视永叔、希文小词何如耶?词人之忠实,不独对人事宜然。即对一草一木,亦须有忠实之意,否则,所谓游词也。

四十一

读《花间》《尊前集》,令人回想徐陵《玉台新咏》。读《草堂诗余》,令人回想韦縠《才调集》。读朱竹垞《词综》,张皋文、董子远《词选》,令人回想沈德潜《三朝诗别裁集》。

四十二

明季国初诸老之论词,大似袁简斋之论诗,其失也纤小而轻薄。竹垞以降之论词者,大似沈归愚,其失也枯槁而庸陋。

四十三

东坡之旷在神,白石之旷在貌。白石如王衍口不言阿堵物,而暗中为营三窟之计,此其所以可鄙也。

四十四

蕙风词,小令似叔原,长调亦在清真、梅溪间,而沉痛过之。彊村虽富丽精工,犹逊其真挚也。天以百凶成就一词人,果何为哉!蕙风《洞仙歌》(秋日游某氏园)及《苏武慢》(寒夜闻角)二阕,境似清真,集中他作不能过之。彊村词,余最赏其《浣溪沙》(独鸟冲波去意闲)二阕。笔力峭拔,非他词可能过之。蕙风听歌诸作,自以《满路花》为最佳。至《题香南雅集图》诸词,殊觉泛泛,无一言道著。

四十五

唐五代北宋之词家,倡优也。南宋后之词家,俗子也。二者其失相等。但词人之词,宁失之倡优,不失之俗子。以俗子之可厌,较倡优为甚故也。

四十六

"纷吾既有此内美兮,又重之以修能。"文学之事,于此二者,不能缺一。然词乃抒情之作,故尤重内美。无内美而但有修能,则白石耳。

四十七

诗人视一切外物,皆游戏之材料也。然其游戏,则以热心为之,故诙谐与严重二性质,亦不可缺一也。

《红楼梦》评论

第一章 人生及美术之概观

  老子曰:"人之大患,在我有身"。庄子曰:"大块载我以形,劳我以生。"忧患与劳苦之与生,相对待也久矣。夫生者,人人之所欲;忧患与劳苦者,人人之所恶也。然则讵不人人欲其所恶,而恶其所欲欤?将其所恶者,固不能不欲,而其所欲者,终非可欲之物欤?人有生矣,则思所以奉其生:饥而欲食,渴而欲饮,寒而欲衣,露处而欲宫室,此皆所以维持一人之生活者也。然一人之生少则数十年,多则百年而止耳,而吾人欲生之心,必以是为不足,于是于数十年百年之生活外,更进而图永远之生活:时则有牝牡之欲,家室之累;进而育子女矣,则有保抱、扶持、饮食、教诲之责,婚嫁之务。百年之间,早作而夕思,穷老而不知所终。问有出于此保存自己及种姓之生活之外者乎?无有也。百年之后,观吾人之成绩,其有逾于此保存自己及种姓之生活之外者乎?无有也。又人人知侵害自己及种姓之生活者之非一端也,于是相集而成一群,相约束而立一国,择其贤且智者以为之君,为之立法律以治之,建学校以教之,为之警察以防内奸,为之陆海军以御外患,使人人各遂其生活之欲而不相侵害:凡此皆欲生之心之所为也。夫人之于生活也,欲之如此其切也,用力如此其勤也,设计如此其周且至也,固亦有其真可欲者存欤?吾人之忧患劳苦,固亦有所以偿之者欤?则吾人不得不就生活之本质,熟思而审考之也。

生活之本质何?"欲"而已矣。欲之为性无厌,而其原生于不足。不足之状态,苦痛是也。既偿一欲,则此欲以终。然欲之被偿者一,而不偿者什佰,一欲既终,他欲随之,故究竟之慰藉,终不可得也。即使吾人之欲悉偿,而更无所欲之对象,倦厌之情即起而乘之,于是吾人自己之生活,若负之而不胜其重。故人生者,如钟表之摆,实往复于苦痛与倦厌之间者也。夫倦厌固可视为苦痛之一种,有能除去此二者,吾人谓之曰快乐。然当其求快乐也,吾人于固有之苦痛外,又不得不加以努力,而努力亦苦痛之一也。且快乐之后,其感苦痛也弥深,故苦痛而无回复之快乐者有之矣,未有快乐而不先之或继之以苦痛者也,又此苦痛与世界之文化俱增,而不由之而减。何则?文化愈进,其知识弥广,其所欲弥多,又其感苦痛亦弥甚,故也。然则人生之所欲既无以逾于生活,而生活之性质又不外乎苦痛，故欲与生活、与苦痛，三者一而已矣。

吾人生活之性质，既如斯矣，故吾人之知识，遂无往而不与生活之欲相关系，即与吾人之利害相关系。就其实而言之，则知识者，固生于此欲，而示此欲以我与外界之关系，使之趋利而避害者也。常人之知识，止知我与物之关系，易言以明之。止知物之与我相关系者，而于此物中，又不过知其与我相关系之部分而已。及人知渐进，于是始知欲，知此物与我之关系，不可不研究此物与彼物之关系。知愈大者，其研究逾远焉。自是而生各种之科学：如欲知空间之一部之与我相关系者，不可不知空间全体之关系，于是几何学兴焉。（按：西洋几何学 Geometry 之本义，系量地之意，可知古代视为应用之科学，而不视为纯粹之科学也。）欲知力之一部之与我相关系者，不可不知力之全体之关系，于是力学兴焉。吾人既知一物之全体之关系，又知此物与彼物之全体之关系，而立一法则焉，以应用之。于是物之现于吾前者，其与我之关系及其与他物之关系，粲然陈于目前而无所遁，夫然后吾人得以利用此物，有其利而无其害，以使吾人生活之欲增进于无穷。此科学之功效也。故科学上之成功，虽若层楼杰观，高严巨丽，然其基址则筑乎生活之欲之上，与政治上之系统立于生活之欲之上无以异。然则吾人理论与实际之二方面，皆此生活之欲之结果也。

由是观之，吾人之知识与实践之二方面，无往而不与生活之欲相关系，即与苦痛相关系。兹有一物焉，使吾人超然于利害之外，而忘物与我之关系，此时也，吾人之心无希望，无恐怖，非复欲之我，而但知之我也。此犹积阴弥月，而旭日杲杲也，犹覆舟大海之中，浮沉上下而飘著于故乡之海岸也；犹阵云惨淡而插翅之天使，赍平和之福音而来者也；犹鱼之脱于罾网鸟之自樊笼出而游于山林江海也。然物之能使吾人超然于利害之外者，必其物之与吾人无利害之关系而后可。易言以明之，必其物非实物而后可。然则非美术何足以当之乎！夫自然界之物，无不与吾人有利害之关系；纵非直接，亦必间接相关系者也，苟吾人而能忘物与我之关系而观物，则夫自然界之山明水媚，鸟飞花落，固无往而非华胥之国，极乐之土也。岂独自然界而已？人类之言语动作，悲欢啼笑，孰非美之对象乎？然此物既与吾人有利害之关系，而吾人欲强离其关系而观之，自非天才，岂易及此！于是天才者出，以其所观于自然人生中者复现之于美术中，而使中智以下之人，亦因其物之与己无关系，而超然于利害之外。是故观物无方，因人而变：濠上之鱼，庄、惠之所乐也，而渔父袭之以网罟；舞雩之木，孔、曾之所憩也，而樵者继之以斤斧。若物非有形，心无所住，则虽殉财之夫、贵私之子，宁有对曹霸、韩干之马而计驰骋之乐，见毕宏、韦偃之松，而思栋梁之用，求好逑于雅典之偶，思税驾于金字之塔者哉！故美术之为物，欲者不观，观者不欲。而艺术之美所以优于自然之美者，全存于使人易忘物我之关系也。

而美之为物有二种：一曰优美，一曰壮美。苟一物焉，与吾人无利害之关系，而吾人之观之也，不观其关系，而但观其物，或吾人之心中无丝毫生活之欲存，而其观物也，不视为与我有关系之物，而但视为外物：则今之所观者，非昔之所观者也。此时吾心宁静之状态，名之曰优美之情，而谓此物曰优美。若此物大不利于吾人，而吾人生活之意志为之破裂，因之意志遁去，而知力得为独立之作用，以深观其物，吾人谓此物曰壮美，而谓其感情曰壮美之情。普通之美，皆属前种。至于地狱变相之图，决斗垂死之像，庐江小吏之诗，雁门尚书之曲，其人故氓庶之所共怜，其遇虽戾夫为之流涕，讵有子颓乐祸之心，宁无尼父反袂之戚，而吾人观之，不厌千复。格代（今译歌德，下同）之诗曰：

"What in life doth only grieve us.That in art we gladly see."

凡人生中足以使人悲者，于美术中则吾人乐而观之。此之谓也。此即所谓壮美之情，而其快乐存于使人忘物我之关系，则固与优美无以异也。

至美术中之与二者相反者，名之曰眩惑。夫优美与壮美，皆使吾人离生活之欲，而入于纯粹之知识者。若美术中而有眩惑之原质乎，则又使吾人自纯粹知识出，而复归于生活之欲。如粔籹蜜饵，《招魂》《七发》之所陈，玉体横陈，周昉、仇英之所绘，《西厢记》之《酬柬》，《牡丹亭》之《惊梦》，伶元之传飞燕，杨慎之赝《秘辛》：徒讽一而劝百，欲止沸而益薪。所以子云有"靡靡"之诮，法秀有"绮语"之诃。虽则梦幻泡影可作如是观，而拔舌地狱专为斯人设者矣。故眩惑之于美，如甘之于辛，火之于水，不相并立者也。吾人欲以眩惑之快乐医人世之苦痛，是犹欲航断港而至海，入幽谷而求明，岂徒无益，而又增之。则岂不以其不能使人忘生活之欲，及此欲与物之关系，而反鼓舞之也哉？眩惑之与优美及壮美相反对，其故实存于此。

今既述人生与美术之概略如左，吾人且持此标准以观我国之美术，而美术中以诗歌、戏曲、小说为其顶点，以其目的在描写人生故，吾人于是得一绝大著作曰《红楼梦》。

第二章 《红楼梦》之精神

裒伽尔之诗曰：

"Ye wise men, highly, deeply learned,
who think it out and know,
how, when and where do all things pair?
Why do they kiss and love?

> Ye men of lofty wisdom, say
> what happened to me then,
> search out and tell me where, how, when,
> and why it happened thus."

嗟汝哲人，靡所不知，靡所不学，既深且跻。粲粲生物，罔不匹俦。各啮厥唇，而相厥攸。匪汝哲人，孰知其故？自何时始，来自何处？嗟汝哲人，渊渊其知。相彼百昌，奚而熙熙？愿言哲人，诏余其故。自何时始，来自何处？（译文）

衰伽尔之问题，人人所有之问题，而人人未解决之大问题也。人有恒言曰："饮食男女，人之大欲存焉。"然人七日不食则死，一日不再食则饥。若男女之欲，则于一人之生活上，宁有害无利者也，而吾人之欲之也如此何哉？吾人自少壮以后，其过半之光阴，过半之事业，所计画、所勤勤者为何事？汉之成、哀，曷为而丧其生？殷辛、周幽，曷为而亡其国？励精如唐玄宗，英武如后唐庄宗，曷为而不善其终？且人生苟为数十年之生活计，则其维持此生活亦易易耳，曷为而其忧劳之度，倍蓰而未有已？《记》曰："人不婚宦，情欲失半。"人苟能解此问题，则于人生之知识，思过半矣。而蚩蚩者乃日用而不知，岂不可哀也欤！其自哲学上解此问题者，则二千年间仅有叔本华之《男女之爱之形而上学》耳。诗歌小说之描写此事者，通古今中西，殆不能悉数，然能解决之者鲜矣。《红楼梦》一书非徒提出此问题，又解决之者也。彼于开卷即下男女之爱之神话的解释。其叙此书之主人公贾宝玉之来历曰：

却说女娲氏炼石补天之时，于大荒山无稽崖，炼成高十二丈、见方二十四丈大的顽石三万六千五百零一块。那娲皇只用了三万六千五百块，单单剩下一块未用，弃在青埂峰下。谁知此石自经锻炼之后，灵性已通，自去自来，可大可小。因见众石俱得补天，独自己无才，不得入选，遂自怨自艾，日夜悲哀。（第一回）

此可知生活之欲之先人生而存在，而人生不过此欲之发现也。此可知吾人之堕落由吾人之所欲，而意志自由之罪恶也。夫顽钝者既不幸而为此石矣，又幸而不见用，则何不游于广漠之野，无何有之乡，以自适其适，而必欲入此忧患劳苦之世界，不可谓非此石之大误也。由此一念之误，而遂造出十九年之历史与百二十回之事实，与茫茫大士、渺渺真人何与？又于第百十七回中，述宝玉与和尚之谈论曰：

"弟子请问师父可是从太虚幻境而来？"那和尚道："什么幻境？不过是来处来，去处去罢了。我是送还你的玉来的。

我且问你那玉是从那里来的？"宝玉一时对答不来。那和尚笑道："你的来路还不知，便来问我！"宝玉本来颖悟，又经点化，早把红尘看破，只是自己的底里未知；一闻那僧问起玉来，好像当头一棒，便说："你也不用银子了，我把那玉还你罢。"那僧笑道："早该还我了！"

所谓"自己的底里未知"者，未知其生活乃自己之一念之误，而此念之所自造也。及一闻和尚之言，始知此不幸之生活由自己之所欲；而其拒绝之也，亦不得由自己，是以有还玉之言。所谓"玉"者，不过生活之欲之代表而已矣。故携入红尘者，非彼二人之所为，顽石自己而已；引登彼岸者，亦非二人之力，顽石自己而已。此岂独宝玉一人然哉？人类之堕落与解脱，亦视其意志而已。而此生活之意志，其于永远之生活，比个人之生活为尤切。易言以明之，则男女之欲，尤强于饮食之欲。何则？前者无尽的，后者有限的也；前者形而上的，后者形而下的也。又如上章所说，生活之于苦痛，二者一而非二，而苦痛之度与主张生活之欲之度为比例，是故前者之苦痛，尤倍蓰于后者之苦痛。而《红楼梦》一书，实示此生活此苦痛之由于自造，又示其解脱之道不可不由自己求之者也。

而解脱之道存于出世，而不存于自杀。出世者，拒绝一切生活之欲者也。彼知生活之无所逃于苦痛，而求入于无生之域。当其终也，恒干虽存，固已形如槁木，而心如死灰矣。若生活之欲如故,但不满于现在之生活,而求主张之于异日,则死于此者,固不得不复生于彼,而苦海之流又将与生活之欲而无穷。故金钏之堕井也,司棋之触墙也,尤三姐、潘又安之自刎也,非解脱也,求偿其欲而不得者也。彼等之所不欲者,其特别之生活,而对生活之为物,则固欲之而不疑也。故此书中真正之解脱,仅贾宝玉、惜春、紫鹃三人耳。而柳湘莲之入道,有似潘又安,芳官之出家,略同于金钏。故苟有生活之欲存乎,则虽出世而无与于解脱;苟无此欲,则自杀亦未始非解脱之一者也。如鸳鸯之死,彼固有不得已之境遇在,不然则惜春、紫鹃之事,固亦其所优为者也。

而解脱之中,又自有二种之别:一存于观他人之苦痛,一存于觉自己之苦痛。然前者之解脱,惟非常之人为能,其高百倍于后者,而其难亦百倍,但由其成功观之,则二者一也。通常之人,其解脱由于苦痛之阅历,而不由于苦痛之知识。惟非常之人,由非常之知力,而洞观宇宙人生之本质,始知生活与苦痛之不能相离,由是求绝其生活之欲而得解脱之道。然于解脱之途中,彼之生活之欲,犹时时起而与之相抗,而生种种之幻影,所谓恶魔者,不过此等幻影之人物化而已矣。故通常之解脱,存于自己之苦痛,彼之生活之欲,因不得其满足而愈烈,又因愈烈而愈不得其满足,如此循环而陷于失望之境遇,遂悟宇宙人生之真相,邀而求其息肩之所。彼全变其气质,而超出乎苦乐之外,举昔之所执著者,一旦而舍之。彼以生活为炉,苦痛为炭,而铸其解脱之鼎。彼以疲于生活之欲故，故其生活之欲，不能复起而为之幻影。此通常之人解脱之状态也。前者之解脱，如惜春、紫鹃；后者之解脱如宝玉。前者之解脱，超自然的也，神明的也；后者之解脱，自然的也，人类的也。前者之解脱，宗教的；后者美术的也。前者平和的也；后者悲感的也，壮美的也，故文学的也，诗歌的也，小说的也。此《红楼梦》之主人公所以非惜春、紫鹃而为贾宝玉者也。

呜呼！宇宙一生活之欲而已，而此生活之欲之罪过，即以生活之苦痛罚之：此即宇宙之永远的正义也。自犯罪，自加罚，自忏悔，自解脱。美术之务，在描写人生之苦痛于其解脱之道，而使吾侪冯生之徒，于此桎梏之世界中，离此生活之欲之争斗，而得其暂时之平和。此一切美术之目的也。夫欧洲近世之文学中，所以推格代之《法斯德》为第一者，以其描写博士法斯德之苦痛及其解脱之途径，最为精切故也。若《红楼梦》之写宝玉，又岂有以异于彼乎！彼于缠陷最深之中，而已伏解脱之种子：故听《寄生草》之曲而悟立足之境，读《胠箧》之篇而作焚化散麝之想。所以未能者，则以黛玉尚在耳。至黛玉死而其志渐决。然尚屡失于宝钗，几败于五儿，屡蹶屡振，而终获最后之胜利。读者观自九十八回以至百二十回之事实，其解脱之行程，精进之历史，明了精切何如哉！且法斯德之苦痛，天才之苦痛；宝玉之苦痛，人人所有之苦痛也。其存于人之根柢者为独深，而其希救济也为尤切。作者一一掇拾而发挥之，我辈之读此书者，宜如何表满足感谢之意哉！而吾人于作者之姓名，尚有未确实之知识，岂徒吾侪寡学之羞，亦足以见二百余年来，吾人之祖先对此宇宙之大著述，如何冷淡遇之也？谁使此大著述之作者不敢自署其名？此可知此书之精神，大背于吾国人之性质，及吾人之沉溺于生活之欲，而乏美术之知识有如此也。然则予之为此论，亦自知有罪也矣。

第三章 《红楼梦》之美学上之价值

如上章之说，吾国人之精神，世间的也，乐天的也，故代表其精神之戏曲、小说，无往而不著此乐天之色彩：始于悲者终于欢，始于离者终于合，始于困者终于亨，非是而欲餍阅者之心难矣。若《牡丹亭》之返魂，《长生殿》之重圆，其最著之一例也。《西厢记》之以惊梦终也，未成之作也，此书若成，吾乌知其不为《续西厢》之浅陋也？有《水浒传》矣，曷为而又有《荡寇志》？有《桃花扇》矣，曷为而又有《南桃花扇》？有《红楼梦》矣，彼《红楼复梦》《补红楼梦》《续红楼梦》者，曷为而作也？又曷为而有反对《红楼梦》之《儿女英雄传》？故吾国之文学中，其具厌世解脱之精神者，仅有《桃花扇》与《红楼梦》耳。而《桃花扇》之解脱，非真解脱也：沧桑之变，目击之而身历之，不能自悟，而悟于张道士之一言，且以历数千里冒不测之险，投缧绁之中所索之女子才得一面，而以道士之言，一朝而舍之，自非三尺童子，其谁信之哉？故《桃花扇》之解脱，他律的也；而《红楼梦》之解脱，自律的也。且《桃花扇》之作者，但借侯、李之事以写故国之戚，而非以描写人生为事，故《桃花扇》，政治的也，国民的也，历史的也；《红楼梦》，哲学的也，宇宙的也，文学的也。此《红楼梦》之所以大背于吾国人之精神，而其价值亦即存乎此。彼《南桃花扇》《红楼复梦》等，正代表吾国人乐天之精神者也。

《红楼梦》一书，与一切喜剧相反，彻头彻尾之悲剧也。其大宗旨如上章所述，读者既知之矣。除主人公不计外，凡此书中之人，有与生活之欲相关系者，无不与苦痛相终始。以视宝琴、岫烟、李纹、李绮等，若藐姑射神人，敻乎不可及矣，夫此数人者，曷尝无生活之欲，曷尝无苦痛？而书中既不及写其生活之欲，则其苦痛自不得而写之；足以见二者如骖之靳，而永远的正义无往不逞其权力也。又吾国之文学，以挟乐天的精神故，故往往说诗歌的正义，善人必令其终，而恶人必离其罚：此亦吾国戏曲、小说之特质也。《红楼梦》则不然：赵姨娘、凤姐之死，非鬼神之罚，彼良心自己之苦痛也。若李纨之受封，彼于《红楼梦》十四曲中固已明说之曰：

〔晚韶华〕镜里恩情，更那堪梦里功名！那美韶华去之何迅，再休题绣帐鸳衾；只这戴珠冠披凤袄，也抵不了无常性命。

虽说是人生莫受老来贫,也须要阴骘积儿孙。气昂昂头戴簪缨,光灿灿胸悬金印,威赫赫爵禄高登,昏惨惨黄泉路近。问古来将相可还存?也只是虚名儿与后人钦敬。(第五回)

此足以知其非诗歌的正义,而既有世界人生以上,无非永远的正义之所统辖也,故曰《红楼梦》一书,彻头彻尾的悲剧也。由叔本华之说,悲剧之中又有三种之别:第一种之悲剧,由极恶之人,极其所有之能力以交构之者。第二种由于盲目的运命者。第三种之悲剧,由于剧中之人物之位置及关系而不得不然者;非必有蛇蝎之性质与意外之变故也,但由普通之人物、普通之境遇逼之,不得不如是。彼等明知其害,交施之而交受之,各加以力而各不任其咎。此种悲剧,其感人贤于前二者远甚。何则?彼示人生最大之不幸非例外之事,而人生之所固有故也。若前二种之悲剧,吾人对蛇蝎之人物与盲目之命运,未尝不悚然战慄,然以其罕见之故,犹幸吾生之可以免,而不必求息肩之地也。但在第三种,则见此非常之势力足以破坏人生之福祉者,无时而不可坠于吾前。且此等惨酷之行,不但时时可受诸己,而或可以加诸人,躬丁其酷,而无不平之可鸣,此可谓天下之至惨也。若《红楼梦》,则正第三种之悲剧也。兹就宝玉、黛玉之事言之:贾母爱宝钗之婉嫕而惩黛玉之孤僻,又信金玉之邪说而思压宝玉之病。王夫人固亲于薛氏,凤姐以持家之故,忌黛玉之才而虞其不便于己也。袭人惩尤二姐、香菱之事，闻黛玉"不是东风压西风，就是西风压东风"（第八十一回）之语，惧祸之及，而自同于凤姐，亦自然之势也。宝玉之于黛玉信誓旦旦，而不能言之于最爱之之祖母，则普通之道德使然，况黛玉一女子哉！由此种种原因，而金玉以之合，木石以之离，又岂有蛇蝎之人物、非常之变故，行于其间哉？不过通常之道德、通常之人情、通常之境遇为之而已。由此观之，《红楼梦》者，可谓悲剧中之悲剧也。

由此之故，此书中壮美之部分较多于优美之部分，而眩惑之原质殆绝焉。作者于开卷即申明之曰：

更有一种风月笔墨，其淫秽污臭，最易坏人子弟。至于才子佳人等书，则又开口文君，满篇子建，千部一腔，千人一面，且终不能不涉淫滥。在作者不过欲写出自己两首情诗艳赋来，故假捏出男女二人名姓，又必旁添一小人拨乱其间，如戏中小丑一般。（此又上节所言之一证。）

兹举其最壮美者之一例，即宝玉与黛玉最后之相见一节曰：

那黛玉听着傻大姐说宝玉娶宝钗的话，此时心里竟是油儿酱儿糖儿醋儿倒在一处的一般，甜苦酸咸，竟说不上什么味儿来了……自己转身要回潇湘馆去，那身子竟有千百斤重的，两只脚却像踏着棉花一般，早已软了。只得一步一步，慢慢的走将下来。走了半天,还没到沁芳桥畔,脚下愈加软了。走的慢,且又迷迷痴痴,信着脚从那边绕过来,更添了两箭地路。这时刚到沁芳桥畔,却又不知不觉的顺着堤往向里走起来。紫鹃取了绢子来,却不见黛玉,正在那里看时,只见黛玉颜色雪白,身子恍恍荡荡的,眼睛也直直的,在那里东转西转……只得赶过来轻轻的问道:"姑娘怎么又回去?是要往那里去?"黛玉也只模糊听见,随口答道:"我问问宝玉去。"紫鹃只得搀他进去。那黛玉却又奇怪了,这时不似先前那样软了,也不用紫鹃打帘子,自己掀起帘子进来……见宝玉在那里坐着,也不起来让坐,只瞧着嘻嘻的呆笑,黛玉自己坐下,却也瞧着宝玉笑。两个也不问好,也不说话,也不推让,只管对着脸呆笑起来。忽然听着黛玉说道:"宝玉,你为什么病了?"宝玉笑道:"我为林姑娘病了。"袭人、紫鹃两个,吓得面目改色,连忙用言语来岔,两个却又不答言,仍旧呆笑起来……紫鹃搀起黛玉,那黛玉也就站起来,瞧着宝玉,只管笑,只管点头儿。紫鹃又催道:"姑娘回家去歇歇罢。"黛玉道:"可不是,我这就是回去的时候儿了。"说着,便回身笑着出来了,仍旧不用丫头们搀扶,自己却走得比往常飞快。

(第九十六回)

如此之文,此书中随处有之,其动吾人之感情何如?凡稍有审美的嗜好者，无人不经验之也。

《红楼梦》之为悲剧也如此。昔雅里大德勒于《诗论》中，谓悲剧者，所以感发人之情绪而高上之，殊如恐惧与悲悯之二者，为悲剧中固有之物，由此感发，而人之精神于焉洗涤，故其目的，伦理学上之目的也。叔本华置诗歌于美术之顶点，又置悲剧于诗歌之顶点，而于悲剧之中又特重第三种，以其示人生之真相，又示解脱之不可已故。故美学上最终之目的，与伦理学上最终之目的合。由是《红楼梦》之美学上之价值，亦与其伦理学上之价值相联络也。

第四章 《红楼梦》之伦理学上之价值

自上章观之，《红楼梦》者，悲剧中之悲剧也。其美学上之价值，即存乎此。然使无伦理学上之价值以继之，则其于美术上之价值，尚未可知也。今使为宝玉者，于黛玉既死之后，或感愤而自杀，或放废以终其身，则虽谓此书一无价值可也。何则？欲达解脱之域者，固不可不尝人世之忧患；然所贵乎忧患者，以其为解脱之手段故，非重忧患自身之价值也。今使人日日居忧患言忧患、而无希求解脱之勇气，则天国与地狱彼两失之，其所领之境界，

除阴云蔽天沮洳弥望外,固无所获焉。黄仲则《绮怀》诗曰:

如此星辰非昨夜,为谁风露立中宵?

又其卒章曰:

结束铅华归少作,屏除丝竹入中年,茫茫来日愁如海,寄语羲和快着鞭。

其一例也。《红楼梦》则不然,其精神之存于解脱,如前二章所说,兹固不俟喋喋也。

然则解脱者,果足为伦理学上最高之理想否乎?自通常之道德观之,夫人知其不可也。夫宝玉者,固世俗所谓绝父子、弃人伦、不忠不孝之罪人也。然自太虚中有今日之世界,自世界中有今日之人类,乃不得不有普通之道德,以为人类之法则,顺之者安,逆之者危;顺之者存,逆之者亡。于今日之人类中,吾固不能不认普通之道德之价值也,然所以有世界人生者,果有合理的根据欤?抑出于盲目的动作,而别无意义存乎其间欤?使世界人生之存在而有合理的根据,则人生中所有普通之道德,谓之绝对的道德可也。然吾人从各方面观之,则世界人生之所以存在,实由吾人类之祖先一时之误谬。诗人之所悲歌,哲学者之所瞑想,与夫古代诸国民之传说，若出一揆，若第二章所引《红楼梦》第一回之神话的解释，亦于无意识中暗示此理，较之《创世记》所述人类犯罪之历史，尤为有味者也。夫人之有生，既为鼻祖之误谬矣，则夫吾人之同胞，凡为此鼻祖之子孙者，苟有一人焉，未入解脱之域，则鼻祖之罪终无时而赎，而一时之误谬，反复至数千万年而未有已也。则夫绝弃人伦如宝玉其人者，自普通之道德言之，固无所辞其不忠不孝之罪；若开天眼而观之，则彼固可谓干父之蛊者也。知祖父之误谬，而不忍反覆之以重其罪，顾得谓之不孝哉？然则宝玉"一子出家，七祖升天"之说，诚有见乎所谓孝者在此不在彼，非徒自辩护而已。

然则举世界之人类，而尽入于解脱之域，则所谓宇宙者，不诚无物也欤？然有无之说，盖难言之矣，夫以人生之无常，而知识之不可恃，安知吾人之所谓"有"非所谓真有者乎？则自其反面言之，又安知吾人之所谓"无"非所谓真无者乎？即真无矣，而使吾人自空乏与满足、希望与恐怖之中出，而获永远息肩之所，不犹愈于世之所谓有者乎？然则吾人之畏无也，与小儿之畏暗黑何以异？自已解脱者观之，安知解脱之后，山川之美、日月之华，不有过于今日之世界者乎？读《飞鸟各投林》之曲，所谓"一片白茫茫大地真干净"者，有欤无欤，吾人且勿问，但立乎今日之人生而观之，彼诚有味乎其言之也。

难者又曰：人苟无生，则宇宙间最可宝贵之美术不亦废欤？曰：

美术之价值，对现在之世界人生而起者，非有绝对的价值也。其材料取诸人生，其理想亦视人生之缺陷逼仄，而趋于其反对之方面。如此之美术，惟于如此之世界、如此之人生中，始有价值耳。今设有人焉，自无始以来，无生死，无苦乐，无人世之罣碍，而惟有永远之知识，则吾人所宝为无上之美术，自彼视之，不过蛙鸣蝉噪而已。何则？美术上之理想，固彼之所自有，而其材料又彼之所未尝经验故也。又设有人焉，备尝人世之苦痛，而已入于解脱之域，则美术之于彼也，亦无价值。何则？美术之价值，存于使人离生活之欲，而入于纯粹之知识，彼既无生活之欲矣，而复进之以美术、是犹馈壮夫以药石。多见其不知量而已矣。然而超今日之世界人生以外者，于美术之存亡，固自可不必问也。

夫然，故世界之大宗教，如印度之婆罗门教及佛教、希伯来之基督教，皆以解脱为惟一之宗旨。哲学家，如古代希腊之柏拉图，近世德意志之叔本华，其最高之理想亦存于解脱。殊如叔本华之说，由其深邃之知识论、伟大之形而上学出，一扫宗教之神话的面具，而易以名学之论法，其真挚之感情与巧妙之文字又足以济之：故其说精密确实，非如古代之宗教及哲学说，徒属想象而已。然事不厌其求详，姑以生平所疑者商榷焉：夫由叔氏之哲学说，则一切人类及万物之根本，一也，故充叔氏拒绝意志之说，非一切人类及万物各拒绝其生活之意志，则一人之意志亦不可得而拒绝。何则？生活之意志之存于我者，不过其一最小部分，而其大部分之存于一切人类及万物者，皆与我之意志同，而此物我之差别，仅由于吾人知力之形式，故离此知力之形式，而反其根本而观之，则一切人类及万物之意志，皆我之意志也。然则拒绝吾一人之意志，而姝姝自悦曰解脱，是何异决蹄跨之水而注之沟壑，而曰天下皆得平土而居之哉！佛之言曰："若不尽度众生，誓不成佛。"其言犹若有能之而不欲之意。然自吾人观之，此岂徒能之而不欲哉？将毋欲之而不能也。故如叔本华之言一人之解脱，而未言世界之解脱，实与其意志同一之说，不能两立者也。叔氏于无意识中亦触此疑问，故于其《意志及观念之世界》之第四编之末，力护其说，曰：

> 人之意志，于男女之欲，其发现也为最著，故完全之贞操，乃拒绝意志即解脱之第一步也。夫自然中之法则，固自最确实者，使人人而行此格言，则人类之灭绝，自可立而待。至人类以降之动物，其解脱与堕落，亦当视人类以为准，《吠陀》之经典曰："一切众生之待圣人，如饥儿之待慈父母也。"基督教中亦有此思想，珊列休斯于其《人持一切物归于上帝》之小诗中曰："嗟汝万物灵，有生皆爱汝。总总环汝旁，如儿索母乳。携之适天国，惟汝力是怙。"德意志之神秘学者马斯太哀克赫德亦云："《约翰福音》云，余之离世界也，将引万物而与我俱，基督岂欺我哉？夫善人，固将持万物而归之于上帝，即其所从出之本者也。今夫一切生物皆为人而造，又

各自相为用；牛羊之于水草，鱼之于水，鸟之于空气，野兽之于林莽，皆是也。一切生物皆上帝所造，以供善人之用，而善人携之以归上帝。"彼意盖谓人之所以有用动物之权利者，实以能救济之故也。

于佛教之经典中，亦说明此真理。方佛之尚为菩提萨埵也，自王宫逸出而入深林时，彼策其马而歌曰："汝久疲于生死兮，今将息此任载。负余躬以遐举兮，继今日而无再。苟彼岸其余达兮，余将徘徊以汝待。"（《佛国记》）此之谓也。（英译《意志及观念之世界》第一册第四百九十二页）

然叔氏之说，徒引据经典，非有理论的根据也。试问释迦示寂以后，基督尸十字架以来，人类及万物之欲生奚若？其痛苦又奚若？吾知其不异于昔也。然则所谓持万物而归之上帝者，其尚有所待欤？抑徒沾沾自喜之说，而不能见诸实事者欤？果如后说，则释迦、基督自身之解脱与否，亦尚在不可知之数也。往者作一律曰：

生平颇忆挈卢敖，东过蓬莱浴海涛。
何处云中闻犬吠，至今湖畔尚乌号。
人间地狱真无间，死后泥洹枉自豪。
终古众生无度日，世尊只合老尘嚣。

何则？小宇宙之解脱，视大宇宙之解脱以为准故也。赫尔德曼人类涅槃之说，所以起而补叔氏之缺点者以此。要之，解脱之足以为伦理学上最高之理想与否，实存于解脱之可能与否。若失普通之论难，则固如楚楚蜉蝣，不足以撼十围之大树也。

今使解脱之事，终不可能，然一切伦理学上之理想，果皆可能也欤？今夫与此无生主义相反者，生生主义也。夫世界有限，而生人无穷；以无穷之人，生有限之世界，必有不得遂其生者矣。世界之内，有一人不得遂其生者，固生生主义之理想之所不许也。故由生生主义之理想，则欲使世界生活之量，达于极大限，则人人生活之度不得不达于极小限。盖度与量二者，实为一精密之反比例，所谓最大多数之最大福祉者，亦仅归于伦理学者之梦想而已。夫以极大之生活量而居于极小之生活度，则生活之意志之拒绝也奚若？此生生主义与无生主义相同之点也。苟无此理想，则世界之内，弱之肉，强之食，一任诸天然之法则耳，奚以伦理为哉？然世人日言生生主义，而此理想之达于何时，则尚在不可知之数。要之，理想者可近而不可即，亦终古不过一理想而已矣。人知无生主义之理想之不可能，而自忘其主义之理想之何若，此则大不可解脱者也。

夫如是，则《红楼梦》之以解脱为理想者，果可菲薄也欤？夫以人生忧患之如彼，而劳苦之如此，苟有血气者，未有不渴慕救济者也。不求之于实行，犹将求之于美术，独《红楼梦》者，同时与吾人以二者之救济。人而自绝于救济则已耳；不然，则对此宇宙之大著述，宜如何企踵而欢迎之也。

第五章 余论

自我朝考证之学盛行，而读小说者，亦以考证之眼读之，于是评《红楼梦》者，纷然索此书中之主人公之为谁，此又甚不可解者也。夫美术之所写者，非个人之性质，而人类全体之性质也。惟美术之特质，贵具体而不贵抽象，于是举人类全体之性质，置诸个人之名字之下。譬诸"副墨之子"、"洛诵之孙"，亦随吾人之所好名之而已。善于观物者，能就个人之事实而发现人类全体之性质。今对人类之全体，而必规规焉求个人以实之，人之知力相越岂不远哉？故《红楼梦》之主人公，谓之贾宝玉可，谓之"子虚"、"乌有"先生可，即谓之纳兰容若，谓之曹雪芹亦无不可也。

综观评此书者之说，约有二种：一谓述他人之事，一谓作者自写其生平也。第一说中，大抵以贾宝玉为即纳兰性德。其说要非无所本。案性德《饮水诗集·别意》六首之三曰：

独拥余香冷不胜，残更数尽思腾腾。今宵便有随风梦，知在红楼第几层?

又《饮水词》中《于中好》一阕云:

> 别绪如丝睡不成,那堪孤枕梦边城。因听紫塞三更雨,却忆红楼半夜灯。

又《减字木兰花》一阕咏新月云:

> 莫教星替,守取团圆终必遂。此夜红楼,天上人间一样愁。

"红楼"之字凡三见,而云"梦红楼"者一。又其亡妇忌日作《金缕曲》一阕,其首三句云:

> 此恨何时已!滴空阶、寒更雨歇,葬花天气。

"葬花"二字始出于此。然则《饮水集》与《红楼梦》之间,稍有文字之关系,世人以宝玉为即纳兰侍卫者,殆由于此。然诗人与小说家之用语,其偶合者固不少,苟执此例以求《红楼梦》之主人公,吾恐其可以傅合者,断不止容若一人而已。若夫作者之姓名(遍考各书,未见曹雪芹何名)与作书之年月,其为读此书者所当知,似更比主人公之姓名为尤要,顾无一人为之考证者,此则大不可解者也。

至谓《红楼梦》一书,为作者自道其生平者,其说本于此书第一回"竟不如我亲见亲闻的几个女子"一语,信如此说,则唐旦之《天国喜剧》，可谓无独有偶者矣。然所亲见亲闻者，亦可自旁观者之口言之，未必躬为剧中之人物。如谓书中种种境界、种种人物，非局中人不能道，则是《水浒传》之作者必为大盗，《三国演义》之作者必为兵家，此又大不然之说也。且此问题实为美术之渊源之问题相关系。如谓美术上之事，非局中人不能道，则其渊源必全存于经验而后可。夫美术之源出于先天抑由于经验，此西洋美学上至大之问题也。叔本华之论此问题也，最为透辟，兹援其说，以结此论。其言（此论本为绘画及雕刻发，然可通之于诗歌、小说）曰：

> 人类之美之产于自然中者，必由下文解释之：即意志于其客观化之最高级（人类）中，由自己之力与种种之情况，而打胜下级（自然力）之抵抗，以占领其物质。且意志之发现于高等之阶级也，其形式必复杂：即以一树言之，乃无数之细胞合而成一系统者也。其阶级愈高，其结合愈复。人类之身体，乃最复杂之系统也：各部分各有一特别之生活，其对全体也则为隶属；其互相对也则为同僚；互相调和以为其全体之说明；不能增也，不能减也，能如此者则谓之美，此自然中不得多见者也。顾美之于自然中如此，于美术中则何如？或有以美术家为模仿自然者，然彼苟无美之预想存于经验之前，则安从取自然中完全之物而模仿之，又以之与不完

全者相区别哉？且自然亦安得时时生一人焉，于其各部分皆完全无缺哉？或又谓美术家必先于人之肢体中观美丽之各部分，而由之以构成美丽之全体。此又大愚不灵之说也。即令如此，彼又何自知美丽之在此部分而非彼部分哉？故美之知识，断非自经验的得之，即非后天的，而常为先天的，即不然，亦必其一部分常为先天的也。吾人于观人类之美后，始认其美，但在真正之美术家，其认识之也，极其明速之度，而其表出之也，胜乎自然之为。此由吾人之自身即意志而于此所判断及发现者，乃意志于最高级之完全之客观化也。惟如是，吾人斯得有美之预想。而在真正之天才，于美之预想外，更伴以非常之巧力。彼于特别之物中，认全体之理念，遂解自然之嗫嚅之言语而代言之，即以自然所百计而不能产出之美，现之于绘画及雕刻中，而若语自然曰："此即汝之所欲言而不得者也。"苟有判断之能力者，必将应之曰："是。"惟如是，故希腊之天才，能发现人类之美之形式，而永为万世雕刻家之模范。惟如是，故吾人对自然于特别之境遇中所偶然成功者而得认其美。此美之预想乃自先天中所知者，即理想的也。比其现于美术也，则为实际的。何则？此与后人中所与之自然物相合故也。如此美术家先天中有美之预想，而批评家于后天中认识之，此由美术家及批评家乃自然之自身之一部，而意志于此客观化者也。哀姆攀独克尔曰："同者惟同者知之。"

故惟自然能知自然，惟自然能言自然，则美术家有自然之美之预想，固自不足怪也。

芝诺芬述苏格拉底之言曰："希腊人之发现人类之美之理想也，由于经验，即集合种种美丽之部分，而于此发现一膝，于彼发现一臂。此大谬之说也。不幸而此说又蔓延于诗歌中。即以狄斯丕尔言之，谓其戏剧中所描写之种种人物，乃其一生之经验中所观察者，而极其全力以模写之者也。然诗人由人性之预想而作戏曲小说，与美术家之由美之预想而作绘画及雕刻无以异，惟两者于其创造之途中必须有经验以为之补助。夫然，故其先天中所已知者，得唤起而入于明晰之意识而后表出之事，乃可得而能也。（叔氏《意志及观念之世界》第一册第二百八十五页至二百八十九页）

由此观之，则谓《红楼梦》中所有种种之人物，种种之境遇，必本于作者之经验。则雕刻与绘画家之写人之美也，必此取一膝、彼取一臂而后可，其是与非，不待知者而决矣。读者苟玩前数章之说，而知《红楼梦》之精神与其美学、伦理学上之价值，则此种议论自可不生。苟知美术之大有造于人生，而《红楼梦》自足为我国美术上之惟一大著述，则其作者之姓名与其著书之年月，固当为惟一考证之题目，而我国人之所聚讼者，乃不在此而在彼，此足以见吾国人之对此书之兴味之所在，自在彼而不在此也，故为破其惑如此。

戏曲考源

楚词之作,《沧浪》《凤兮》二歌先之;诗余之兴,齐、梁小乐府先之;独戏曲一体,崛起于金元之间,于是有疑其出自异域,而与前此之文学无关系者,此又不然。尝考其变迁之迹,皆在有宋一代;不过因金元人音乐上之嗜好,而且益发达耳。

戏曲者,谓以歌舞演故事也。古乐府中,如《焦仲卿妻》诗、《木兰辞》《长恨歌》等,虽咏故事,而不被之歌舞,非戏曲也。〔柘枝〕〔菩萨蛮〕之队,虽合歌舞,而不演故事,亦非戏曲也。惟汉之角抵,于鱼龙百戏外,兼搬演古人物。张衡《西京赋》曰:"东海黄公,赤刀粤祝,冀厌白虎,卒不能救。"又曰:"总会仙倡,戏豹舞罴,白虎鼓瑟,苍龙吹篪,女娥坐而长歌,声清畅以蜲蛇;洪崖立而指麾,被羽毛之襳襹。度曲未终,云起雪飞。"则所搬演之人物,且自歌舞。然所演者实仙怪之事,不得云故事也。演故事者,始于唐之大面、拨头、《踏摇娘》等戏。代面(即大面),出于北齐。北齐兰陵王长恭,才武而面美,常著假面以对敌。尝击周师金墉城下,勇冠三军,齐人壮之,为此舞,以效其指麾击刺之容,谓之《兰陵王入阵曲》。拨头,出西域。胡人为猛兽所噬,其子求兽杀之,为此舞以象之也。踏摇娘,生于隋末。隋末,河内有人,貌恶,而嗜酒,常自号郎中。醉归必殴其妻。其妻美色,善歌,为怨苦之辞。河朔演其曲而被之弦管,因写其夫之容,妻悲诉,每摇顿其身,故号踏摇娘。(右见《旧唐书·音乐志》,《乐府杂录》及《教坊记》,所载略同。)及昭宗光化中,孙德昭之徒及刘季述,始作《樊哙排闼》剧(宋陈旸《乐书》第一百八十六卷)。唐时戏剧可考者仅此。至宋初,搬演较为任意。宋孔道辅奉使契丹,契丹宴使者,优人以文宣王为戏,道辅艴然径出。(《宋史·孔道辅传》)又祥符天禧中,杨大年、钱文僖、晏元献、刘子仪以文章立朝,为诗皆宗李义山,后进多窃义山语句。尝内宴,优人有为义山者,衣服败裂,告人曰:吾为诸馆职挦扯至此。闻者欢笑。(刘攽《中山诗话》)至南宋时,洪迈《夷坚志》,叶绍翁《四朝闻见录》所载优伶调谑之事,尚与此相类。虽搬演古人物,然果有歌词与故事否?若有歌词,果与故事相应否?今不可考。要之,此时尚无金元间所谓戏曲,则固可决也。

杂剧之名,始起于宋。宋制:每春秋圣节三大宴,小儿队、女弟子队,各进杂剧。队舞及杂剧之制,具见《宋史·乐志》及宋孟元老《东京梦华录》。《宋志》谓舞队之制,其名各十。小儿队凡七十二人，女弟子队凡一百五十人。每春秋圣节三大宴，其第一，皇帝升座，宰相进酒，庭中吹觱篥，以众乐和之。赐群臣酒，皆就坐。宰相饮，作〔倾杯〕，百官饮，作〔三台〕。第二，皇帝再举酒，群臣立于席后，乐以歌起。第三，皇帝举酒如第二之制，以次进食。第四，百戏皆作。第五，皇帝举酒如第二之制。第六，乐工致辞，继以诗一章，谓之口号，皆述德美及中外蹈咏之情。第七，合奏大曲。第八，皇帝举酒，殿上独弹琵琶。第九，小儿队舞，亦致辞以述德美。第十，杂剧。罢，皇帝起更衣。第十一，皇帝再坐，举酒，殿上独吹笙。第十二，蹴鞠。第十三，皇帝举酒，殿上独弹筝。第十四，女弟子队舞，亦致辞，如小儿队。第十五，杂剧。第十六，皇帝举酒如第二之制。第十七，奏鼓吹曲，或用法曲，或用龟兹。第十八，皇帝举酒如第二之制。第十九，用角抵。宴毕。

而队舞制度，《东京梦华录》所载尤详。初，参军色作语，勾小儿队舞。小儿各选年十二三者，而百余人，列四行；每行队头一名，四人簇拥，并小隐士帽。著绯、绿、紫、青生色花衫，上领四契义襕，束带，各执花枝排定。先有四人，裹卷脚帕头，紫衫者，擎一彩殿子，内金贴字牌，播鼓而进，谓之队名。牌上有一联，谓如："九韶翔彩凤，八佾舞青鸾"之句。乐部举乐，小儿队舞步进前，直叩殿陛。参军色作语问，小儿班首近前进口号。杂剧人皆打和，毕。乐作，群舞合唱。且舞且唱。又唱破子毕，小儿班首入，进致语；勾杂剧入场，一场两段。内殿杂戏，为有使人在座，不敢深作谐谑，惟用群队,装其似像,市语谓之拽串。杂戏毕,参军色作语,放小儿队。又群舞〔应天长〕曲子,出场。女弟子队舞,杂剧,与小儿略同,惟节次稍多。此徽宗圣节典礼也。若宴辽使,其典礼与三大宴同,惟无后场杂剧,及女弟子舞队。辽宴宋史,则酒一行,觱篥起歌。酒二行,歌。酒三行,歌,手伎入。酒四行,琵琶独弹,饼茶致语,食入,杂剧进。(《辽史·乐志》)由此观之,则宋之搬演李义山,辽之搬演文宣王,既在宴时,其为杂剧无可疑也。

杂剧亦有歌词。《宋史·乐志》谓:"真宗不喜郑声,而或为杂剧辞,未尝宣布于外"是也。其词如何,今不可考。惟三大宴之致辞,则由文臣为之。故宋人集中多乐语一种,又谓之致语,又谓之念语。兹录苏子瞻兴龙节集英殿宴乐语,如下节:

教坊致语

臣闻帝武造周,已兆兴王之迹;日符祚汉,实开受命之祥。非天私我有邦,惟圣乃作神主,仰止诞弥之庆,集于建丑之正,端玉履庭,爰讲比邻之好,虎臣在泮,复通西域之琛。式燕示慈,与人均福。恭维皇帝陛下,睿思冠古,濬哲自天,焕乎有文,日讲六经之训,述而不作,思齐累圣之仁,夷夏宅心,神人协德,卜年七百,方过历以承天,有臣三千,咸一心而戴后,彤庭振万,玉座传餐,诵干戈载戢之诗,作君臣相说之乐。斯民何幸,白首太平!臣猥以微生,亲逢盛旦,始庆猗兰之会,愿赓击壤之音。下采民言，上陈口号：

口号

凛凛重瞳日月新，四方惊喜识天人，共知若木初生旦，且种蟠桃不计春。请使黑山归属国，给扶黄发拜严宸。紫皇应在红云里，试问清都侍从臣。

勾合曲

祝尧之寿，既罄于欢谣，众舜之功，愿观于备乐。羽旅在列，笙磬同音，上奉严宸，教坊合曲。

勾小儿队

鱼龙奏技，毕陈诡异之观；髫龀成童，各效回旋之妙。嘉其尚幼，有此良心，仰奉宸慈，教坊小儿入队。

队名

"两阶陈羽籥，万国走梯航"乐队。

问小儿队

工师在列,各怀自献之能;侲子盈庭,必有可观之伎。未知来意,宜悉奏陈。

小儿致语

臣闻生民以来,未有祖宗之仁厚。上帝所眷,锡以神圣之子孙,孚佑下民,笃生我后。瞻舜瞳之日月,望尧颡之山河。若帝之初,达四聪于无外,如川方至,倾万宇以来同,恭维皇帝陛下,齐圣广渊,刚健笃实,识文武之大者,体仁孝于自然。歌诗思齐,见文王之所以圣;诵书无逸,法中宗之不敢康。诞日载临,舆情共祝,神策授万年之算,洛书开五福之祥。臣等嬉游天街,沐浴王化,欲陈舞蹈之意,不知手足之随。未敢自专,伏取进止。

勾杂剧

金奏铿钝,既度九韶之曲;霓裳合散,又陈八佾之仪。舞缀暂停,优伶间作。再调丝竹,杂剧来欤!

放小儿队

游童率舞,逐物性之熙怡;小技毕陈,识天颜之广大。清歌既阕,叠鼓频催,再拜天街,相将归去。

勾女童队

垂鬟在列,敛袂稍前,岂知北里之微,敢献南山之寿。霓旌坌集,金奏方谐,上奉威颜,两军女童入队。

队名

"君臣千载遇,歌舞万方同"乐队。

问女童队

掺挝屡作,旌夏前临,顾游女之何能,造彤庭而献技。欲知来意,宜悉奏陈。

女童致语

妾闻瑞凤来祥,共纪生商之兆,群龙下集,适同浴佛之辰。佳气充庭,和声载路,辇出房而雷动,扇交翟以云开,喜动人天,春回草木。恭维皇帝陛下,凝神昭旷,受命穆清,三后在天,宜兴王之世有;四人迪哲,知享国之无穷。乃眷良辰,欲均景福,庭设九宾之礼,乐歌四牡之章。妾等幸觏昌期,获瞻文陛,虽乏流风之妙,愿输率舞之诚。未敢自专,伏候进止。

勾杂剧

清净自化,虽莫测于宸心,诙笑杂陈,示佋同于众乐。金丝再举,杂剧来欤!

放女童队

分庭久立,渐移爱日之阴;振袂再成,曲尽回风之态。龙楼却望,鼍鼓频催。再拜天阶,相将归去。

天子大宴之典如是,民间宴会之伎乐,当仿此而稍简略。故乐语一种,凡婚嫁、宴享落成时,均用之。更有于勾队、放队外,兼作舞词者,秦观、晁无咎、毛滂、郑仅等之《调笑转踏》是也。兹录郑仅之《调笑转踏》如下:

调笑转踏

良辰易失,信四者之难并;佳客相逢,实一时之盛事。用陈妙曲,上佐清欢。女伴相将,调笑入队。(此与《乐语》之勾队相当。少游作,此下尚有口号一首。)

秦楼有女字罗敷,二十未满十五余。金镮约腕携笼去,攀枝折叶城南隅。使君春思如飞絮,五马徘徊芳草路,东风吹鬓不可侵,日晚蚕饥欲归去。

归去,携笼女。南陌柔桑三月暮,使君春思如飞絮,五马徘徊频驻。蚕饥日晚空留顾,笑指秦楼归去。

石城女子名莫愁,家住石城西渡头。拾翠每寻芳草路,采莲暗过白蘋洲。五陵豪客青楼上,醉倒金壶待清唱,风高天阔白浪飞,急催艇子摇双桨。

双桨,小舟荡,唤取莫愁迎叠浪。五陵豪客青楼上,不道风高江广。千金难买倾城样,那听绕梁清唱。

绣户珠帘翠幕张,主人置酒宴华堂。相如年少多才调,消得文君暗断肠。断肠初认琴心挑,么弦暗写相思调,今来万事不关心,此度伤心何草草。

草草,最年少,绣户银屏人窈窕,瑶琴暗写相思调,一曲关心多少!临邛客舍成都道,苦恨相逢不早。

湲湲流水武陵溪,洞里春长日月迟,红英满地无人扫,此度刘郎去后迷。行行渐入清流浅,香风引到神仙馆,琼浆一饮觉身轻,玉砌云房瑞烟暖。

烟暖,武陵晚,洞里春长花烂漫,红英满地溪流浅,渐听云中鸡犬。刘郎迷路香风远,误到蓬莱仙馆。(此下尚有九诗、九曲,分咏各事,以句调相同,故略之。)

放队

新词宛转递相传,振袖倾鬟风露前,月落乌啼云雨散,游人陌上拾花钿。

今以之与《乐语》相比较,则《乐语》但勾放舞队,而不为之制词;而转踏不独定所搬演之人物,并作舞词。惟阕数之多少,则无一定。如上郑仅之〔调笑〕,多至十三阕;秦、毛二家各八阕,而晁无咎作,则仅七阕耳。(秦、晁、郑三家〔调笑〕,均见《乐府雅词》,毛作见《宋六十一家词·东堂词》中)其但作勾队遣队辞,而不为作歌词者,亦有之,如洪适之《勾降黄龙舞》及《勾南吕薄媚舞》

是也（见《盘州文集》卷七十八）。然诸家〔调笑〕，虽合多曲而成，然一曲分咏一事，非就一人一事之首尾而咏之也。惟石曼卿作《拂霓裳转踏》述开元天宝遗事（见王灼《碧鸡漫志》卷三），是为合数阕咏一事之始。今其辞不传，传者惟赵德麟（令畤）之商调〔蝶恋花〕，述《会真记》事，凡十阕，并置原文于曲前；又以一阕起，一阕结，之视后世戏曲之格律，几于具体而微。德麟于子瞻守颍州时，为其属官，至绍兴初尚存。其词作于何时，虽不可考，要在元祐之后，靖康之前。原词具载《侯鲭录》中，录之如下：

夫传奇者，唐元微之所述也。以不载于本集而出于小说，或疑其非是。今观其词，自非大手笔，孰能与于此？至今士大夫极谈幽元，访奇述异，莫不举此以为美谈。至于倡优女子，皆能调说大略。惜乎，不比之以音律，故不能播之声乐，形之笔绚。好事君子，极宴肆欢之余，愿一听其说，或举其末而忘其本，或纪其略而不及终其篇，此吾曹之所共恨者也！今因暇日，详观其文，略其烦裒，分之为十章。每章之下，属之以词。或全撼其文，或止取其意；又别为一曲，载之传前，先叙全篇之意。调曰商调，曲名〔蝶恋花〕，句句言情，篇篇见意。奉劳歌伴，先听格调，后听芜词。

丽质仝娥生玉殿，谪向人间，未免凡情乱。宋玉墙东流美盼，乱花深处曾相见。密意浓欢方有便，不奈浮名，便遣轻分散。最恨多才情太浅，等闲不念离人怨。

传曰：余所善张君，性温茂，美风仪，寓于蒲之普救寺。适有崔氏孀妇，将归长安，路出于蒲，亦止兹寺。崔氏妇，郑女也。张出于郑，叙其女，乃异派之从母。是岁，丁文雅不善于军，军之徒因大扰劫掠蒲人。崔氏之家，财产甚厚，惶骇不知所措。张与将之党有善，请吏护之，遂不及难。郑厚张之德，因饰馔以命张，谓曰："姨之孤嫠未亡，提携弱子幼女，犹君之所生也。岂可比常恩哉！今俾以仁兄之礼奉见。"乃命其子曰欢郎，女曰莺莺，出拜尔兄。崔辞以疾，郑怒曰："张兄保尔之命，宁复远嫌乎？"又久之，乃至，常服晬容，不加新饰，垂鬟浅黛，双脸桃红，而已颜色艳异，光辉动人。张惊为之礼，因坐郑旁，凝睇丽绝，若不胜其体。张问其年几？郑曰：十七岁矣。张生稍以词导之，宛不对，终席而罢。奉劳歌伴，再和前声。

锦额重帘深几许，绣履弯弯未省离朱户。强出娇羞都不语，绛绡频掩酥胸素。黛浅愁深妆淡注，怨绝情凝不肯聊回顾。媚脸未匀新泪污，梅英犹带春朝露。

张生由是拳拳，愿致其情，无由得也。崔之侍儿曰红娘，私为之礼者数四矣。间遂道其衷。翌日，红娘复至，曰："郎之言所不敢忘。崔之族姻，君所详知，何不因媒而求聘焉？"张曰："余始自孩提之时，性不苟合。昨日一夕间，几不自持。数日以来，行忘止，食忘饱，恐不逾旦！莫若因媒而娶，则数月之间，索我于枯鱼之肆矣。"红娘曰："崔之贞顺自保，虽所尊不能以非语犯之，然而善属文，往往沈吟章句，怨慕者久之；君试为谕情诗以乱之，不然，无由得也。"张大喜，立缀春词二首以授之。奉劳歌伴，再和前声。

懊恼娇娘情未惯，不道看看役得人肠断。万语千言都不管，兰房跬步如天远。废寝忘餐思想遍，赖有青鸾，不比凭鱼雁。密写香笺论缱绻，春词一纸芳心乱。

是夕红娘复至，持彩笺以授张，曰："崔所命也。"题其篇曰，"明月三五夜"，其词曰："待月西厢下，临风户半开，隔墙花影动，疑是玉人来。"奉劳歌伴，再和前声。

庭院黄昏春雨霁，一缕深心，百种成牵系。青翼蓦然来报喜，花笺微谕相容意。待月西厢人不寐，帘影摇光，朱户犹慵闭。花动拂墙红萼坠，分明疑是情人至。

张亦微喻其旨。是岁二月十四日矣。崔之东墙，有杏花一株，攀援可逾。既望之夕，张因其所而逾焉。达于西厢，则户果半开。良久，红娘来，连曰："至矣，至矣！"张生且喜且骇，心谓得之矣。及乎至，则端神丽容，大数张，曰："兄之恩，活我家者厚矣，由是慈母以弱子幼女见依，奈何因不令之婢，致淫泆之词，始以护人之乱为义，而终掠乱以求之。是以乱易乱，其去几何！诚欲寝其词，以保人之奸，不正；明之母，则背人之惠，不祥；是用托于短章，愿自陈启。犹惧兄之见难，故用鄙靡之词，以求必至，非礼之动，能不愧心？特愿以礼自持，无及于乱！"言毕，翻然而逝。张自失久之，复踰而出。由是绝望矣。奉劳歌伴，再和前声。

屈指幽期惟恐误，恰到春宵，明月当三五。红影压墙花密处，花阴便是桃源路。不谓兰诚金石固，敛袂怡声，恣把多才数。惆怅空回谁共语？只应化作朝云去。

后数日，张君临轩独寝，惊欸而起，则红娘敛衾携枕而至，抚张曰："至矣，至矣，睡何为哉！"并枕重衾而去。张生拭目危坐者久之，犹疑梦寐。俄而，红娘捧崔而至，娇羞融冶，力不能运肢体。向时之端丽不复同矣。是夕，旬有八日矣。斜月晶荧，幽辉半床，张生飘飘然，且疑神仙之徒，不谓从人间至也。有顷，寺钟鸣晓，红娘促去，崔氏娇啼宛转，红娘又捧而去。终夕无言。张生自疑于心曰："岂其梦耶？"所可明者，妆在臂，香在衣，泪光荧荧然，犹莹于茵席而已。奉劳歌伴，再和前声。

数夕孤眠如度岁，将谓今生，会合终无计。正是断肠凝望际，云心捧得常娥至。玉困花柔羞抆泪，端丽妖娆不与前时比。人去月斜疑梦寐，衣香犹在妆留臂。

此后又十数日，杳不相知。张生赋《会真诗》三十韵，未毕，而红娘至。因授之以贻崔氏。自是复容之。朝隐而出，暮隐而入，同安于向所谓西厢者一月矣。张生将往长安，先以情喻之，崔氏宛无难词，然愁、怨之容动人矣。欲行之再夕，不可复见，而张生遂西。奉劳歌伴，再和前声。

一梦行云还暂阻，尽把深诚缀作新诗句；幸有青鸾堪密付，良宵从此无虚度。两意相欢朝又莫，不奈郎鞭暂指长安路。最是动人情怨处，离情盈抱终无语。

不数月，张生复游于蒲，舍于崔氏者，又累月。张生雅知崔氏善属文，求索再三，终不可见。虽待张之意甚厚，然而未尝以词继之。异时，独夜操琴，愁弄凄恻，张窃听之，求之，则不复鼓矣。张生以文调及期，又当西去；当去之夕，崔恭貌怡声，徐谓张曰："始乱之，今弃之，固其宜矣！愚不敢恨，必也君终之，亦君之惠也，又何必深感于此行！然则君既不怿，无以奉宁，君尝谓我善鼓琴，今且往矣。"既达君此诚，因命拂琴，鼓〔霓裳羽衣序〕，不数声，哀音怨乱。不复知其是曲。左右皆欷歔。崔投琴拥面泣下，趣归郑所，遂不复至。奉劳歌伴，再和前声。

碧沼鸳央交颈舞，正恁双栖，又遣分飞去。洒翰赠言终不许，援琴诉尽奴心素。曲未成声先怨慕，忍泪凝情，强作〔霓裳序〕。弹到离愁凄咽处，弦肠俱断梨花雨。

诘旦，张生遂行。明年，文战不利，遂止于京。因贻书于崔氏，缄报之词，粗载于此。曰：捧览来问，抚爱过深，并惠花胜一合，口脂五寸，致耀首膏唇之饰，虽荷多惠，谁复为容！伏承便于京中就业，于进修之道，固在便安。但恨鄙陋之人，永以遐弃。命也如此，又复何言！自去秋以来，忽忽如有所失，至于梦寐之间，亦与叙感咽离忧之思。绸缪缱绻，暂若寻常，幽会未终，惊魂已断。虽半衾如暖，而思之甚遥。昔中表相因，或同宴处，兄有援琴之挑，鄙无投梭之拒。及荐枕席，义盛恩深，愚幼之情，永谓终托，岂期既见君子，而不能以礼定情，致有自献之私，不复明侍巾栉，杀身永恨，含叹何言！倘若仁人用心，俯遂幽劣，虽死之日，犹生之年。或如达士略情，舍小从大，以先配为丑行，谓要盟为可欺，则当骨化形销，丹诚不泯，因风委露，犹托清尘。存殁之诚，言尽于此，临纸呜咽，情不能伸。千万珍重！奉劳歌伴，再和前声。

别后相思心目乱，不谓芳音，忽寄南来雁。却写花笺和泪卷，细书方寸教伊看。独寐良宵无计遣，梦里依稀，暂若寻常见。幽会未终魂已断，半衾如暖人犹远！

玉环一枚，是莺幼年所弄，寄充君子下体之佩。玉取其坚洁不渝，环取其终始不绝，兼致彩丝一约，文竹茶合碾子一□枚，此数者，物不足珍，意者，欲君子如玉之贞，鄙志如环不解，泪痕在竹，愁绪萦丝，因物达诚，永以为好。心迩身远，拜会无期，幽愤所钟，千里神合，千万珍重！春风多厉,强饭为佳。慎自保持,勿以鄙为深念也。奉劳歌伴,再和前声。

　　尺素重重封锦字,未尽幽闺别后心中事,佩玉彩丝文竹器,愿君一见知深意。环欲长圆丝万系,竹上斓斑,总是相思泪。物会见郎人永弃,心驰魂去人千里。

　　张之友闻之,莫不耸异,而张之志固绝之矣。岁余,崔委身于人,张亦有所娶,适经其所,张求以外兄见之,已诺之,而崔终不为出。张君怨念之诚,动于颜色,崔知之,潜赋一诗寄张,曰:"自从消瘦减容光,万转千回懒下床,不为旁人羞不起,为郎憔悴却羞郎。"然竟不之见。后数日,张君将行,崔又赋一诗以谢绝之,曰:"弃置今何道,当时且自亲;还将旧来意,怜取眼前人。"奉劳歌伴,再和前声。

　　梦觉高唐云雨散,十二巫峰隔断相思眼,不为旁人移步懒,为郎憔悴羞郎见。青翼不来孤凤怨,路失桃源,再会终无便。旧恨新愁那计遣,情深何以情俱浅?

　　逍遥子曰:乐天谓微之能道人意中语,仆于是益知乐天之语为当也。何则?夫崔之才华宛美,词彩艳丽,则于所载缄书诗章尽之矣。如其都愉淫冶之态,则不可得而见,及见其文,飘飘然仿佛出于人目前。虽丹青摹写其形状,未知能如是工且至否?仆尝采摭其意,撰成"鼓子词"十章,示余友何东白先生。先生曰:文则美矣,意犹有未尽者,胡不复为一章于其后,且具道张之于崔,既不能以理定其情,又不能合之于义。始相遇也,如是之笃,终相失也,如是之遽。必及于此,则全矣!余应之曰:先生真为文者矣。言必欲有始终箴戒而后已。大鄙靡之词,止歌其事之所可;歌,不必如是之备。若夫聚散离合,亦人之常情,古今所同惜也,又况崔之始相得,而终至相失,岂得已哉!如崔已他适,而张诡计以求见,崔知张之意,而潜赋诗以谢之,其情盖有未能忘者矣。乐天曰:天长地久有时尽,此恨绵绵无绝期。岂独主彼者耶?余因命此意,复成一阕,缀于传末。

镜破人离何处问,路隔银河,岁会知犹近。只道新来消瘦损,玉容不见空传信。弃掷前欢俱未忍,岂料盟言,陡顿无凭准。地久天长终有尽,绵绵不似无穷恨。

德麟此词,毛西河《词话》已视为戏曲之祖。然犹用通行词调,而宋人所歌,除词调外,尚有所谓大曲。王灼《碧鸡漫志》曰:"凡大曲,有散序、靸、排遍、攧、正攧、入破、虚催、实催、衮遍、歇拍、杀衮,始成一曲,谓之大遍。而〔凉州〕排遍,予曾见一本,有二十四段。后世就大曲制词者,类从简省;而管弦家,又不肯从首至尾吹弹,甚者,学不能尽。"云云。此种大曲,自唐已有之。如郭茂倩《乐府诗集》所载〔水调歌〕〔凉州〕〔伊州〕等,叠数多寡不等,皆借名人之诗以入曲。兹录〔水调歌〕十一叠,如下:

水调歌

第一

平沙落日大荒西,陇上明星高复低,孤山几处看烽火,壮士连营候鼓鼙。

第二

猛将关西意气多,能骑骏马弄琱戈,金鞍宝铰精神出,笛倚新翻〔水调歌〕。

第三

王孙别上绿珠轮,不羡名公乐此身,户外碧潭春洗马,楼前红烛夜迎人。

第四

陇头一段气长秋,举目萧条总是愁;只为征人多下泪,年年添作断肠流。

第五

双带仍分影,同心巧结香,不应须换彩,意欲媚浓妆。

入破第一

细草河边一雁飞,黄龙关里挂戎衣,为受明王恩宠甚,从事经年不复归。

第二

锦城丝管日纷纷,半入江风半入云,此曲只应天上有,人间能得几回闻?

第三

昨夜遥欢出建章,今朝缀赏度昭阳,传声莫闭黄金屋,为报先开白玉堂。

第四

日晚茄声咽戍楼,陇云漫漫水东流,行人万里向西去,满目关山空恨愁。

第五

千年一遇圣明朝,愿对君王舞细腰,乍可当熊任生死,谁能伴凤上云霄。

第六彻

闺烛无人影，罗屏有梦魂。近来音耗绝，终日望君门。

此种大曲，叠数既多，故于叙事尤便。于是咏事者，乃不用词调，而用大曲。《碧鸡漫志》谓：宣和初，普府守山东人王平，词学华瞻，自言得《夷则商霓裳羽衣谱》，取陈鸿、白乐天《长恨歌传》，并乐天寄元微之《霓裳羽衣曲歌》，又杂取唐人小诗长句，及明皇太真事，终以微之《连昌宫词》，补缀成曲，刻板流传。曲十一段，起第四遍、第五遍、第六遍、正撷、入破、虚催、衮、实催、衮、歇拍、杀衮。其词今不传，传者惟同时曾布所撰〔水调歌头〕大曲，咏冯燕事，见王明清《玉照新志》。如下：

水调歌头

排遍第一

魏豪有冯燕，年少客幽并，击球斗鸡，为戏游侠久知名。因避仇来东郡，元戎逼属中军，直气凌貔虎，须臾叱咤风云，懔懔座中生。偶乘佳兴，轻裘锦带，东风跃马，往来寻访幽胜。游冶出东城堤上，莺花掩乱，香车宝马纵横。草软平沙稳，高楼两岸春风，笑语隔帘声。

排遍第二

袖笼鞭敲镫,无语独闲行。绿杨下,人初静,烟淡夕阳明。窈窕佳人,独立瑶阶,掷果潘郎,瞥见红颜横波盼,不胜娇软倚云屏。曳红裳频推朱户,半开还掩,似欲倚,伊哑声里,细诉深情。因遣林间青鸟,为言彼此心期,的的深相许,窃香解珮,绸缪相顾不胜情。

排遍第三

说良人滑将张婴,从来嗜酒,回家镇长酩酊。长酲,屋上鸣鸠空斗,梁间客燕相惊。谁与花为主?兰房从此,朝云夕雨两牵萦。似游丝狂荡,随风无定。奈何岁华荏苒,欢计苦难凭,惟见新恩缱绻,连枝并翼,香闺日日为郎,谁知松萝托蔓,一比一毫轻。

排遍第四

一夕还家醉,开户起相迎。为郎引裾,相庇低首略潜形。情深无隐,欲郎乘间起佳兵。授青萍,茫然抚弄,不忍欺心。尔能负心于彼,于我必无情。熟视花钿不足,刚肠终不能平。假手迎天意,一挥霜刃,窗间粉颈断瑶琼。

排遍第五

凤皇钗宝玉凋零，惨然怅娇魂，怨饮泣吞声。还被凌波唤起，相将金谷同游，想见逢迎处，揶揄羞面，妆脸泪盈盈。醉眠人，醒来晨起，血凝蝼首，但惊喧白邻里，骇我卒难明。致幽囚推究，度盆无计哀鸣。丹笔终诬服，圜门驱拥，衔冤垂首欲临刑。

排遍第六（带花遍）

向红尘里有喧呼，攘臂转身辟众，莫遣人冤滥，杀张室忍偷生。僚吏惊呼呵叱，狂辞不变如初，投身属吏，慷慨吐丹诚。仿佛缧绁，自疑梦中，闻者皆惊。叹为不平割爱，无心泣对虞姬，手戮倾城宠。翻然起死，不教仇怨负冤声。

排遍第七 撷花十八

义城元靖贤相国，嘉慕英雄士，赐金缯。闻此事，频叹赏，封章归印，请赎冯燕罪，日边紫泥封诏，阖境赦深刑。万古三河风义在，青简上，众知名。河东注，任流水滔滔，水涸名难泯。至今乐府歌咏，流入管弦声。

此大曲之〔水调歌头〕，与词之《水调歌头》字数、韵数，均不相合。又间有平仄通押之处。稍后，有董颖者（颖字仲达，绍兴间人，尝从汪彦章、徐师川游。彦章为作《字说》，见陈振孙《书录解题》），作〔道宫·薄媚〕大曲咏西子事亦然。陈氏《乐书》谓：优伶常舞大曲，惟一工独进，但以手袖为容，蹋足为节，其妙串者，虽风骞旋鸟不踰其速矣。然大曲前缓叠不舞，至入破则羯鼓、襄鼓、大鼓与丝竹合作，句拍益急。舞者入场，投节制容，故有催拍、歇拍，姿制俯仰百态横出。(《乐书》一百八十五卷）曾氏〔水调歌〕至排遍第七而止，故伴以舞与否，尚未可知；董氏〔薄媚〕则自排遍第八起，经入破以至杀衮。其必兼具歌舞，无可疑者。其词见曾慥《乐府雅词》，兹录之如下：

道宫
薄媚排遍第八

　　怒涛卷雪，巍岫布云，越襟吴带如斯。有客经游，月伴风随，值盛世，观此江山美，合放怀，何事却兴悲？不为回头，旧谷（疑国之误）天涯，为想前君事，越王嫁祸献西施，吴即中深机。

　　阖庐死，有遗誓，勾践必诛夷。吴未干戈出境，仓卒越兵，投怒夫差，鼎沸鲸鲵。越遭劲敌，可怜无计脱重围。归路茫然，城郭邱墟，飘泊嵇山里。旅魂暗逐战尘飞，天日惨无辉。

排遍第九

自笑平生,英气凌云,凛然万里宣威。那知此际,熊虎途穷,来伴麋鹿卑栖。既甘臣妾犹不许,何为计?争若都燔宝器,尽诛吾妻子,径将死战决雄雌,天意恐怜之。　　偶闻太宰正擅权,贪赂市恩私。因将宝玩献诚,虽脱霜戈,石室囚系,忧嗟又经时,恨不如巢燕自由归。残月朦胧,寒雨潇潇,有血都成泪。备尝险厄反邦畿,冤愤刻肝脾。

第十撷

种陈谋,谓吴兵正炽,越勇难施;破吴策,惟妖姬。有倾城妙丽,名称(一作字)西子岁方笄。算夫差惑此,须致颠危。范蠡微行,珠贝为香饵。苧萝不钓钓深闺,吞饵果殊姿。

素肌纤弱,不胜罗绮,鸾镜畔,粉面淡匀,梨花一朵琼壶里。嫣然意态娇春,寸眸剪水,斜鬟松翠,人无双宜。名动君王,绣屦容易,来登玉陛。

入破第一

窣湘裙,摇汉佩,步步香风起。敛双蛾,论时事,兰心巧会君意。殊珍异宝,犹自朝臣未与,妾何人,被此隆恩,虽令效死奉严旨。

隐约龙姿忻悦,重把甘言说(悦、说二字皆韵,此为四声通押之祖)。辞俊雅，质娉婷，天教汝众美兼备。闻吴重色，凭汝和亲，应为靖边陲。将别金门，俄挥粉泪，净妆洗。

第二虚催

飞云驶香车，故国难回睇，芳心渐摇，逦迤吴都繁丽。忠臣子胥，预知道为邦祟，谏言先启：愿勿容其至。周亡褒姒，殷倾妲己。　吴王却嫌胥逆耳，才经眼，便深恩，爱东风暗绽娇蕊。彩鸾翻妬伊。得取次于飞，共戏金屋，看承他宫尽废。

第三衮遍

华宴夕，灯摇醉粉，菡萏笼蟾桂。扬翠袖，含风舞，轻妙处，惊鸿态，分明是。瑶台琼榭，阆苑蓬壶景，尽移此地。花绕仙步，莺随管吹。　宝帐暖，留春百和，馥郁融鸳被。银漏永，楚云浓，三竿日犹褪霞衣。宿醒轻腕嗅，宫花双带系，合同心时，波下比目，深怜到底。

第四催拍

耳盈丝竹，眼摇珠翠，迷乐事，宫闱内。争知渐国势晚夷。奸臣献佞，转恣奢淫，天谴岁屡饥。从此万姓，离心解体。

　越遣使阴窥虚实，蚤夜营边备。兵未动，子胥存，虽堪伐尚畏忠义。斯人既戮，且又严兵卷土赴黄池。观衅种蠡，方云可矣。

第五衮遍

机有神，征鼙一鼓，万马襟喉地。庭喋血，诛留守，怜屈服，罢兵还，危如此。当除祸本，重结人心，争奈竟荒迷。战骨方埋，灵旗又指。　势连败，柔荑携泣，不忍相抛弃。身在分，心先死，宵奔兮，兵已前围。谋穷计尽，唳鹤啼猿，闻处分外悲。丹穴纵近，谁容再归？

第六歇拍

哀诚屡吐，雨东分赐，垂莫日，置荒隅，心知愧。宝锷红委，鸾存凤去，辜负恩怜，情不似虞姬。尚望论功，荣归故里。　降令曰：吴无赦汝，越与吴何异？吴正怨，越方疑，从公论合去妖类。蛾眉宛转，竟殒鲛绡，香骨委尘泥。渺渺姑苏，荒芜鹿戏。

第七煞衮

王公子，青春更才美，风流慕连理。耶溪一日，悠悠回首凝思。云鬟烟鬓，玉珮霞裾，依约露妍姿。送目惊喜，俄迁玉趾。　同仙骑洞府归去，帘栊窈窕戏鱼水。正一点犀通，遽别恨何已！媚魄千载，教人属意，况当时金殿里。

曲文迄于宋南渡之初,所可考见者,仅此。宋吴自牧《梦粱录》载谓:汴京教坊大使孟角毬,曾做杂剧本子;葛守诚撰四十大曲。殆即此类。此后如周密《武林旧事》所载南宋官本杂剧段数,陶宗仪《辍耕录》所载金人院本名目中,其目之兼举曲调名者,犹当与曾、董大曲不甚相远也。

今以曾、董大曲与真戏曲相比较,则舞大曲时之动作,皆有定制,未必与所演之人物所要之动作相适合。其词亦系旁观者之言,而非所演之人物之言,故其去真戏曲尚远也。至由叙事体而变为代言体,由应节之舞蹈而变为自由之动作,北宋杂剧已进步至此否,今阙无考。以后杨诚斋《归去来辞引》(《诚斋集》卷九十七),其为大曲,抑自度腔,均不可知。然已纯用代言体,兹录于下:

归去来辞引

侬家贫甚诉长饥,幼稚满庭帏。正坐瓶无储粟,漫求为吏东西。偶然彭泽近邻圻,公秫滑流匙,葛巾劝我求为酒,黄菊怨冷落东篱。五斗折腰,谁能许事,归去来兮。

老圃半榛茨,山西欲蕨薇,念心为形役又奚悲!独惆怅前迷。不见后方追,觉今来是了,觉昨来非。

扁舟轻飏破朝霏,雨细漫吹衣。试问征夫前路,晨光小恨熹微。

乃瞻衡宇载奔驰，迎候满荆扉。已荒三径存松菊，喜诸幼入室相携。有酒盈樽，引觞自酌，庭树遣颜怡。

容膝易安栖，南窗寄傲睨，更小园日涉趣尤奇。尽虽设柴门，长是闭斜晖。纵遐观矫首，短策扶持。

浮云出岫岂心□，鸟倦亦归飞，翳翳流光将入，孤松抚处凄其。

息交绝友堑山溪，世与我相违，驾言复出何求者，旷千载今欲从谁？亲戚笑谈，琴书觞咏，莫遣俗人知。

解后又春熙，农人欲载载，告西畴有事要耕耔。容老子舟车，取意任委蛇。历崎岖窈窕，丘壑随宜。

欣欣花木向荣滋，泉水始流渐。万物得时如许，此生休笑吾衰。

寓形宇内几何时？岂问去留为！委心任运何多虑，顾遑遑将欲何之？大化中间，乘流归尽，喜惧莫随伊。

富贵本危机，云乡不可期。趁良辰孤往恣游嬉。独临水登山，舒啸更哦诗，除乐天知命，了复奚疑。

此曲不著何调，前后凡四调，每调三叠，而十二叠通用一韵。其体干大曲为近。虽前此如东坡〔哨遍〕隐括《归去来辞》者，亦用代言体；然以数曲代一人之言，实自此始。要之，曾、董大曲开董解元之先，此曲则为元人套数杂剧之祖。故戏曲之不始于金元，而于有宋一代中变化者，则余所能信也。若宋末之戏曲，则具于《曲录》卷一，兹不复赘。

静安追本溯源

《流沙坠简》序

光绪戊申,英人斯坦因博士访古于我新疆甘肃,得汉晋木简千余以归,法国沙畹博士为之考释。逾五年癸丑岁暮,乃印行于伦敦。未出版,沙氏即以手校之本寄上虞罗叔言参事。参事复与余重行考订。握椠逾月,粗具条理,乃略考简牍出土之地,并诸篇首,以谂读是书者。

案,古简所出,厥地凡三:一为敦煌迤北之长城,二为罗布淖尔北之古城,其三则和阗东北之尼雅城及马咱托拉拔拉、滑史德三地也。敦煌所出,皆两汉之物。出罗布淖尔北者,其物大抵上自魏末,讫于前凉。其出和阗旁三地者,都不过二十余简,又皆无年代可考,然其最古者犹当为后汉遗物,其近者亦当在隋唐之际也。今略考诸地古代之情状,而阙其不可知者,世之君子以鉴观焉。

汉代简牍出于敦煌之北,其地当北纬四十度,自东经(据英国固林威志经度)九十三度十分至九十五度二十分之间。出土之地,东西绵亘一度有余。斯氏以此为汉之长城，其说是也。案，秦之长城，西迄临洮，及汉武帝时，匈奴浑邪王降，汉以其地为武威、酒泉郡。（元狩三年）后又分置张掖、敦煌郡，（元鼎六年）始筑令居以西，列四郡，据两关焉。此汉代筑事之见于史者，不言其讫于何地也。其见于后人记载者，则法显《佛国记》云：敦煌有塞，东西可八十里，南北四十里。《晋书·凉武昭王传》云：玄盛乃修敦煌旧塞东西二围，（东西疑东北之讹）以防北虏之患，筑敦煌旧塞西南二围，以威南虏。案唐《沙州图经》，则沙州有古塞城、古长城二址。塞城周回州境，东在城东四十五里，西在城西十五里，南在州城南七里，北在州城北五里。古长城则在州北六十六里，东至阶亭烽一百八十里，入瓜州常乐县界，西至曲泽烽二百一十二里，正西入碛，接石城界云云。李暠所修，有东西南北四围，当即《图经》之古塞城。法显所见，仅有纵横二围，其东西行者，或即《图经》之古长城，而里数颇短；盖城在晋末，当已颓废，而《图经》所纪东西三百里者，则穷其废址者也。此城遗址，《图经》谓在州北六十三里，今木简出土之地，正直其所，实唐沙州，《图经》所谓古长城也。前汉时敦煌郡所置三都尉，皆治其所；都尉之下，又各置候官。由西而东，则首玉门都尉下之大煎都候官、玉门候官，（皆在汉龙勒县境）次则中部都尉所属平望候官、步广候官。（汉敦煌县境）又东则宜禾都尉所属各候官。（汉效谷、广至二县境。《屯戍丛残·烽燧类考释》及《附录·烽燧图表》）又东入酒泉郡，则有酒泉西部都尉所治之西部障，北部都尉所治之偃泉障。又东北入张掖郡，则有张掖都尉所治之遮虏障。疑皆沿长城置之。今日酒泉、张掖以北，长城遗址之有无，虽不可知，然以当日之建置言之，固宜如是也。今斯氏所探得者，敦煌迤北之长城，当《汉志》敦煌、龙勒二县之北境，尚未东及广至界。汉时简牍即出于此，实汉时屯戍之所，又由中原通西域之孔道也。

长城之说既定，玉门关之方位亦可由此决。玉门一关，《汉志》系于敦煌郡龙勒县下。嗣是《续汉书郡国志》及《括地志》、《元和郡县志》、两《唐书·地理志》、《太平寰宇记》、《舆地广记》，以至近代官私著述，亦皆谓汉之玉门关在今敦煌西北。惟《史记·大宛列传》云：太初二年，贰师将军李广利伐大宛，还至敦煌，请罢兵，"益发而复往。天子闻之大怒，而使使遮玉门曰：军有敢入者辄斩之！贰师恐，因留敦煌。"沙畹博士据此，以为太初二年前之玉门关，尚在敦煌之东，其徙敦煌西北，则为后日之事。其说是也。案，《汉志》酒泉郡有玉门县，颜师古注引阚骃《十三州志》，谓汉罢玉门关屯，徙其人于此。余疑玉门一县，正由酒泉出敦煌之孔道，太初以前之玉门关，当置于此。阚骃徙屯之说，未必确也。嗣后关城虽徙，而县名尚仍其故，虽中更废置，讫于今日，尚名玉门。故古人有误以玉门县为玉门关者，后晋高居诲《使于阗记》云，至肃州后渡金河，西百里出天门关，又西百里出玉门关。高氏所谓玉门关，实即自汉讫今之玉门县也。

（唐之玉门军亦置于此，而玉门关则移于瓜州境。《元和郡县志》云，玉门关在瓜州晋昌县西二里，而以在寿昌县西北者为玉门故关，则唐之玉门关复徙而东矣。）汉时西徙之关，则《括地志》始记其距龙勒之方向道里曰，玉门关在县（汉之龙勒，在唐为寿昌县）西北一百十八里。（《史记·大宛传·正义》引）《旧唐书·地理志》、《元和志》、《寰宇记》、《舆地广记》，均袭其文。近秀水陶氏《辛卯侍行记》，记汉玉门阳关道路，谓自敦煌西北行六十里之大方盘城，为汉玉门关故地。又谓其西七十里有地名西湖，有边墙遗址及烽墩数十所。斯氏亦于此发见关城二所：一在东经九十四度以西之小盐湖，一在东经九十三度三十分。相距二十余分，与大方盘城及西湖相去七十里之说相近。然则当九十四度稍西者，殆即陶记之大方盘城；当九十三度三十分者，殆即陶氏所谓西湖耶？沙畹博士疑九十四度稍西之废址，为太初以前之玉门关，而在其西者，乃其后徙处。余谓太初以前玉门关，当在酒泉郡玉门县，如在东经九十四度、北纬四十度间，则仍在敦煌西北，与《史记·大宛传》文不合。而太初以后之玉门关，以《括地志》所记方位道里言之，则在唐寿昌县西北百一十八里。今自敦煌西南行一百四十里，有巴彦布喇汛，陶氏以为唐寿昌县故址。自此西北百一十八里，讫于故塞，则适在东经九十四度、北纬四十度之交，则当九十四度稍西之废址，实为太初以后之玉门关；而当九十三度三十分者，当为玉门以西之他障塞。盖汉武伐大宛后，西至盐泽，往往起亭。又据《沙州图经》，则古长城遗址且西入碛中，则玉门以西，亦当为汉时屯戍之所，未足据以为关城之证也。故博士二说之中，余取其一；但其地为《汉志》龙勒县之玉门关，而非《史记·大宛传》之玉门，则可信也。其西徙之年，史书不纪；今据斯氏所得木简，则有武帝大始三年玉门都尉护众文书，（《屯戍丛残》第一叶）其时关城当已西徙于此，上距太初二年不过十载。是其西徙必在李广利克大宛之后，（太初四年）西起亭至盐泽之时也。又汉及新莽时玉门都尉所有版籍，皆出于此，可为《汉志》玉门关之铁证，不独与古书所记一一吻合而已。

至魏晋木简残纸，则出于罗布淖尔涸泽北之古城稍西，于东经九十度、当北纬四十度三十一分之地。光绪庚子，俄人希亭始至此地，颇获古书。后德人喀尔亨利及孔拉第二氏，据其所得遗书，定此城为古楼兰之虚。沙畹博士考证斯坦因博士所得遗物，亦从其说。余由斯氏所得简牍及日本橘瑞超氏于此所得之西域长史李柏二书，知此地决非古楼兰。其地当前凉之世，实名海头。而《汉书·西域传》及《魏略·西戎传》之居庐仓、《水经·河水注》之龙城，皆是地也。何以知其非古楼兰也？曰：斯氏所得简牍中，其中言楼兰者凡三。一曰："帐下督薛明言，谨案文书前至楼兰□还守堤兵。"（《屯戍丛残》第三叶）此为本地部将奉使至楼兰后所上之文书，盖不待言。其二曰："八月廿八日，楼兰白，疏悾惶恐白。"（《简牍遗文》第四叶）其三曰："楼兰□白。（同上）而细观他书疏之例，则或云："十月四日，具书焉耆元顿首。"（同上）或云："敦煌具书畔毗再拜。"（同上，第五叶。）皆于姓名前著具书之地。以此推之，则所云"楼兰白，疏恽惶恐白"者，必为自楼兰所致之疏。其书既自楼兰来，则所抵之地不得为楼兰矣。此遗物中之一确证也。更求之地理上之证据，亦正不乏。《水经·河水注》云"河水东迳墨山国南，又东迳注宾城南，又东迳楼兰城而东注，河水又东迳于泑泽，即经所谓蒲昌海也"，云云。案，河水者，今之宽车河或塔里木河；泑泽与蒲昌海者，今之罗布淖尔也；则楼兰一城，当在塔里木河入罗布淖尔处之西北，亦即在淖尔西北隅。此城则在淖尔东北隅，此其不合者一也。古楼兰国，自昭帝元凤四年徙居罗布淖尔西南之鄯善后，国号虽改，而城名尚存。《后汉书·班勇传》："议遣西域长史将五百人屯楼兰，西当焉耆、龟兹径路，南强鄯善、于阗心胆，北扞匈奴，东近敦煌。"《杨终传》亦言远屯伊吾、楼兰、车师、戊己，《魏略》言过龙堆到故楼兰，皆谓罗布淖尔西北之楼兰城。故东方人之呼淖尔也，曰泑泽，曰牢兰海。《水经·河水注》引《释氏西域记》，"南河自于阗于东北三千里至鄯善入牢兰海"是也。古"牢"、"楼"同音，《士丧礼》"牢中"郑注："牢读为楼。"盖自西方来，必先经楼兰城而后至罗布淖尔，故名此淖尔曰牢兰海。（《史记正义》引《括地志》作"穿兰海"，字之误也。）此又楼兰在淖尔西北之一证。此其不合二也。故曰。希、斯二氏所发见淖尔东北之古城，决非古楼兰也。

然则其名可得而言之欤？曰：由橘氏所得李柏二书观之，此地当前凉之世，实名海头。李书二纸，其中所言之事同，所署之月日同，所遣之使者同，实一书之二草稿。可决其为此城中所书，而非来自他处者也。其一书曰："今奉台使来西，月二日到此。""此"字旁注"海头"二字。其二曰："诏家见遣使来慰劳诸国，月二日来到海头。"或云"此"，或云"海头"，则此地在前凉时固名海头。海头之名，诸史未见，当以居蒲昌海东头得名，未必古有此称也。求古籍中与此城相当之地，惟《水经》之龙城，足当之。《水经·河水注》"蒲昌海水积鄯善之西北，龙城之东南。龙城，故姜赖之墟，胡之大国也。蒲昌海溢，荡覆其国，城基尚存而至大，晨发西门，暮达东门"云云。其言颇夸大难信，然其所记龙城方位，正与此城相合。又据其所云姜赖之墟，（郦注此事，本《凉州异物志》。《太平御览》八百六十五引《异物志》云：姜赖之虚，今称龙城。恒溪无道以感天廷，上帝震怒，溢海盪倾，刚卤千里，蒺藜之形，其下有盐，累棋而生。原注：姜赖，胡国名也。郦注隐括其事。）可以知此城汉时之名焉。案各史《西域传》，绝不闻有姜赖国。惟汉魏时，由玉门出蒲昌海孔道以达楼兰、龟兹，中间有居庐仓一地。"姜"、"居"、"赖"、"庐"，皆一声之转。准以地望，亦无不合。何以言之？《汉书·西域传》：乌孙、乌就屠袭杀狂王，自立为昆弥。汉遣破羌将军辛武贤将兵万五千人至敦煌，遣"使者案行表，穿卑鞮侯井以西，欲通渠转谷，积居庐仓以讨之。"

孟康曰："卑鞮侯井，大井六通渠也，下流涌出，在白龙堆东土山下。"夫井之下流在白龙堆东，而居庐仓则在井西，其地望正与此城合。《魏略·西戎传》（《魏志·乌丸传》注引）云："从玉门关西出，发都护井，（此都护井当即《汉志》之卑鞮侯井）回三陇沙北头，经居庐仓，从沙西井转西北过龙堆，到故楼兰，转西诣龟兹，为西域中道。"案今敦煌塞外大沙碛，古人或总称之曰"白龙堆"，（《汉书·地理志》敦煌郡下云：正西关外有白龙堆沙。《西域传》云：楼兰当白龙堆。孟康言，卑鞮侯井在白龙堆东土山下，是敦煌以西、楼兰以东之沙碛，皆谓之白龙堆也。）或总名之曰三陇沙。（《广志》流沙在玉门关外东西二千里、南北数百里，有断石，曰三陇，则似以三陇沙为沙碛总名也。）而《魏略》之文殊为分晓，其在东南者谓之曰三陇沙，而在西北者则专有白龙堆之名。今此城适在大沙碛之中间，又当玉门、楼兰间之孔道，与《魏略》之居庐仓地望正合，则其为汉之居庐仓无疑。又观《魏略》、《水经注》所纪蒲昌海北岸之地，仅有二城。其在西者，二书均谓之楼兰；则其在东者，舍居庐、姜赖将奚属矣？然则此城之称，曰居庐，曰姜赖，乃汉时之旧名；曰海头，则魏晋以后之新名；而龙城，则又西域人所呼之异名也。（《水经注》所纪出《凉州异物志》，疑亦用《释氏西域记》。观"晨发西门，莫达东门"二语，可知为西方人所记，即令为《异物志》语，恐亦本之西域贾胡也。）

此地自魏晋以后为西域长史治所，亦有数证。橘氏所得李柏二书，即明示此事。斯氏于此所得简牍中，有书函之检署，曰："因王督致西域长史张君坐前，元言疏。"（《简牍遗文》第一叶）又有出纳薄书，上署："□西域长史文书事□中阙□。"（《屯戍丛残》第十一叶）一为抵长史之书，一则著长史之属，则西域长史曾驻此地，盖无可疑。此二简皆无年月，不能定其为魏晋及前凉之物，然参伍考之，则魏晋间已置西域长史于此，不自前凉始矣。案《后汉书·西域传》，西域长史实屯柳中，以行都护之事。（后汉之初亦放西京之制，以都护统西域，未几而罢。后班超以将兵长史平定西域，遂为都护，未几，复罢。嗣是索班以行敦煌长史，出屯伊吾。索班没后，班勇建议遣西域长史屯楼兰。延光三年卒，以勇为西域长史，出屯柳中，不复置都护。自是长史遂摄行都护事矣。）故《汉书》纪西域诸国道里，以都护治所乌垒城为据；而《后汉书》所纪，则以长史所治柳中为据。逮汉末中原多事，不遑远略，敦煌旷无太守且二十载。（《魏志·仓慈传》）则柳中之屯与长史之官，必废于是时矣。魏黄初元年，始置凉州刺史，（《张既传》）并以尹奉为敦煌太守。（《阎温传》）三年，鄯善、龟兹、于阗各遣使贡献，西域遂通。置戊己校尉，（《文帝纪》）以行敦煌长史张恭为之。（《阎温传》）而西域长史之置，不见于《纪》、《传》，惟《仓慈传》言慈太和中迁敦煌太守，数年卒官。西域诸胡闻慈死，共会聚于戊己校尉及长吏治下发哀。"长吏"二字，语颇含混。后汉以来，西域除西域长史戊己校尉外，别无他长吏，魏当仍之，则

"长吏"二字,必"长史"之讹也。又据斯氏所得一简云:"西域长史承移今初除,月廿三日当上道,从上邦至天水。"以简中所记地名考之,实为自魏至晋太康七年间之物。(见《屯戍丛残考释》)恐西域长史一官,自黄初以来,即与戊己校尉同置。惟其所治之地,不远屯柳中,而近据海头。盖魏晋间中国威力已不如两汉盛时,故近治海头,与边郡相依倚。此又时势所必然者矣。至前凉时,西域长史之官,始见于史。(《晋书·张骏传》)而《魏书·张骏传》则又称为西域都护,《传》言骏分敦煌、晋昌、高昌三郡,西域都护、戊己校尉、玉门大护军三营为沙州,以西胡校尉杨宣为刺史。(《晋书·地理志》亦引此文,错乱不可读。)案,张骏时,西域有长史,无都护;"都护"二字必"长史"之误,或以其职掌相同而互称之。(《晋书》刘曜载记,曜使其大鸿胪田崧署张茂为凉州牧,领西域大都护,护氐羌校尉、凉王,则西域大都护,乃凉州牧兼官,犹后此凉州牧之恒领西胡校尉也。)斯氏于此地所得一简云:"今遣大侯究犁与牛诣营下受试。"(《屯戍丛残》第三叶)称长史所居为营下。又斯氏于尼雅北古城所得木简,有"西域长史营写鸿胪书"语,(《补遗》)此又《魏书·张骏传》之三营,其一当为西域长史之证也。此三营者,戊己校尉屯高昌(《晋书》张骏书,初戊己校尉赵贞不附于骏,至是骏击禽之,以其地为高昌郡),玉门大护军屯玉门,而西域长史则屯海头,以成鼎足之势;则自魏晋讫凉,海头为西域重地,盖不待言。张氏以后,吕光、李暠及沮渠家逊父子迭有其地。后魏真君之际，沮渠无讳兄弟南并鄯善，北取高昌，此城居二国之间，犹当为一重镇。逮魏灭鄯善、蠕蠕，据高昌，沮渠氏亡，此城当由是荒废。作《凉州异物志》者，乃有"海水盈覆"之说，而郦氏注《水经》用之。顾周隋以前，碛道未闭，往来西域者尚取道于此，故郦氏犹能言其大略。然倘非希、斯诸氏之探索，殆不能知为古代西域之重地矣。

其余木简，出于和阗所属尼雅城北及马咱托拉拔拉、滑史德三地者，其数颇少。尼雅废墟，斯氏以为古之精绝国。案今官书，尼雅距和阗七百十里，与《汉书·西域传》《水经·河水注》所纪精绝去于阗道里数合，而与所纪他国去于阗之方向道里皆不合，则斯氏说是也。《后汉书·西域传》言，光武时，莎车王贤诛灭诸国。贤死（明帝永平四年）之后，遂更相攻伐，小宛、精绝、戎卢且末为鄯善所并。故范书无精绝国传。今尼雅所出木简十余，隶书精妙，似汉末人书迹，必在永平以后。所署之人，曰王，曰大王，曰且末夫人（盖且末王女为精绝王夫人者），盖后汉中叶以后，且末、精绝仍离鄯善而自立也。

考释既竟，序其出土之地并其关于史事之荦荦大者如右。其戍役情状与言制度名物者，并具考释中，兹不赘云。甲寅正月。

《流沙坠简》后序

余与罗叔言参事考释《流沙坠简》，属稿于癸丑岁杪。及甲寅正月，粗具梗概。二月以后，从事写定，始得读斯坦因博士纪行之书，乃知沙氏书中每简首所加符号，皆纪其出土之地。其次自西而东，自敦一、敦二讫于敦三十四，大抵具斯氏图中。思欲加入考释中，而写定已过半矣，乃为图一、表一，列烽燧之次及其所出诸简，附于书后，并举其要如次。

《前序》考定汉简出土之地，仅举汉长城及玉门关二事，又释中所定候官、烽燧次第，全据简文。今据其所出之地，知前由文字所考定者，虽十得七八。今由各地所出之简以定其地之名，有可补正前考者若干事。

一、《汉志》效谷县及鱼泽障之故址也。效谷故城，自来无考。《大清一统志》云：效谷、龙勒故城，俱在沙州卫西。《西域图志》亦云：今日敦煌县西，逾党河，旧城基址，不一而足，效谷、龙勒诸城遗址，疑于是乎在。近宜都杨氏《汉书地理志图》，亦图效谷于敦煌之西、龙勒之东。惟唐写本《沙州图经》，载古效谷城在州（唐沙州即今敦煌县）东北三十里，是汉时效谷县云云。案《汉志》，效谷县，本鱼泽障。（今本此上有"师古曰"三字，然下引桑钦记，实系班氏自注，胡胐明已驳正之，是也。）今木简中虽不见效谷县，然鱼泽之名凡两见。其一云："入西蒲书一吏马行，鱼泽尉印，十三日起诣府。永平十八年正月十四日日下铺时，扬威卒□□受□□卒赵□。"（卷二《簿书类》第六十一简）此简出于敦二十八，其地在前汉为步广候官，在新莽及后汉为万岁扬威燧。简中所谓府者，谓敦煌太守或都尉府。（前汉敦煌郡置宜禾、中部、玉门、阳关西都尉，后汉惟置敦煌都尉，故鱼泽障在前汉本属宜禾都尉，至后汉则属敦煌都尉也。）太守、都尉，皆治敦煌。自鱼泽诣敦煌之书，经过敦二十八，而曰"入西蒲书"，则鱼泽必在敦二十八（即步广）之东。又一简云："宜禾郡（简中都尉所治亦谓之郡）烽第，广汉第一，美稷第二，昆仑第三，鱼泽第四，宜禾第五。"（卷二《烽燧类》第七简）此自东而西之次第。（见《考释》）他简云："万岁扬威燧长许玄受宜禾临介卒张均。"（同上，第十简）又云："万岁扬威燧长石伋受宜禾临介卒赵时。"（同上，第十一简）此皆记受书簿录，而宜禾临介卒之书，传至万岁扬威燧，则万岁之东，必为宜禾。宜禾之东，乃为鱼泽。今据斯氏图，则敦二十八一地（即前汉步广，后汉万岁）已远在敦煌东北。如效谷县即鱼泽障，当在敦煌东北百里余，则《一统志》诸说固非，即《沙州图经》以沙州东北三十里之古城为效谷城，亦未为得也。今据诸简及《汉志》，知中部都尉所辖障塞在汉敦煌县境。其东则效谷县境，其障塞为宜禾，为鱼泽。又东则广至县境，其障塞为昆仑，为美稷，为广汉。皆宜禾都尉所辖。此敦煌以东诸地之可考者也。

二、汉敦煌郡中部、玉门二都尉及四候官之治所也。前考言敦煌中部都尉下二候官，东为万岁，西为步广。今知"莫宿步广"（《烽燧类》第二简）与"步广烽"（同上，第八简）两简，均出于敦二十八，而"万岁候造史，（同上，第一简）一简，则出于敦二十七，二地相距至近，乃知步广、万岁，乃一候官之异名。而"万岁候造史"一简，中有"间田"二字，乃王莽时物，则改步广候官为万岁。当属王莽时事也。至中部都尉下之弟二候官，实为平望。据《器物类》第一及二十三两简，则平望青堆燧即敦二十二乙，平望朱爵燧即敦十九，则敦二十二乙与敦十九之间，自为平望辖境。而敦二十二甲所出一简，有"候官谨□亭"等语，《烽燧类》第六简）又《簿书类》弟五十九简亦出于敦二十二乙，其文曰："入西书二封，其一中部司马□平望候官。""官"字，前不能确定为何字，后更审谛，确系官字。此二简皆平望本有候官之证。又中部司马抵平望候官之书，经过敦二十二乙，而谓之入西书，则候官治所自在敦二十二乙之西，或即敦二十二甲（斯氏书中有此名，而图中无此地）矣。此中部都尉下二候官之可考者也。至玉门都尉下二候官，初疑玉门候官当与都尉同治，然都尉治敦十四，而其旁敦十五甲一地所出木简颇多，自系当时重地。沙氏释文第四百五十八简（此简沙氏书中未景印）亦出于此。其文曰"玉门候官"，则其地为玉门候官治所无疑。至都尉所属大煎都候官，则据《簿书类》第六简云，"敦煌玉门都尉子光丞□年谓大煎都候"云云。此都尉告候官之书，出于敦六乙，即凌胡燧，则大煎都候官当治凌胡燧矣。此玉门都尉下二候官之可考者也。

古史新证

第一章 总论

研究中国古史,为最纠纷之问题。上古之事,传说与史实混而不分。史实之中,固不免有所缘饰,与传说无异;而传说之中,亦往往有史实为之素地:二者不易区别,此世界各国之所同也。在中国古代已注意此事。孔子曰:"信而好古。"又曰:"君子于其不知,盖阙如也。"故于夏殷之礼,曰:"吾能言之,……杞,……宋,不足征也,文献不足故也。"孟子于古事之可存疑者,则曰:"于传有之。"于不足信者,曰:"好事者为之。"太史公作《五帝本纪》,取孔子所传《五帝德》及《帝系姓》,而斥不雅驯之百家言。于《三代世表》,取《世本》,而斥黄帝以来皆有年数之《谍记》。其术至为谨慎。然好事之徒,世多有之。故《尚书》于今古文外,在汉有张霸之《百两篇》,在魏晋有伪孔安国之书。《百两》虽斥于汉,而《伪孔书》则六朝以降行用迄于今日。又汲冢所出《竹书纪年》,自夏以来,皆有年数,亦《谍记》之流亚。皇甫谧作《帝王世纪》,亦为五帝三王尽加年数。后人乃复取以补太史公书。此信古之过也。至于近世,乃知孔安国本《尚书》之伪,《纪年》之不可信。而疑古之过,乃并尧舜禹之人物而亦疑之。其于怀疑之态度及批评之精神,不无可取。然惜于古史材料,未尝为充分之处理也。吾辈生于今日,幸于纸上之材料外,更得地下之新材料。由此种材料,我辈固得据以补正纸上之材料,亦得证明古书之某部分全为实录,即百家不雅驯之言亦不无表示一面之事实。此二重证据法,惟在今日始得为之。虽古书之未得证明者,不能加以否定,而其已得证明者,不能不加以肯定:可断言也。

所谓纸上之史料,兹从时代先后述之:

一、《尚书》(《虞夏书》中如《尧典》、《皋陶谟》、《禹贡》、《甘誓》,《商书》中如《汤誓》,文字稍平易简洁,或系后世重编,然至少亦必为周初人所作。至《商书》中之《盘庚》、《高宗肜日》、《西伯戡黎》、《微子》,《周书》之《牧誓》、《洪范》、《金滕》、《大诰》、《康诰》、《酒诰》、《梓材》、《召诰》、《洛诰》、《多士》、《无逸》、《君奭》、《多方》、《立政》、《顾命》、《康王之诰》、《吕刑》、《文侯之命》、《费誓》、《秦誓》,诸篇皆当时所作也。)

二、《诗》(自周初迄春秋初所作,《商颂》五篇。疑亦宗周时宋人所作也。）

三、《易》(《卦辞》、《爻辞》，周初作；《十翼》，相传为孔子作，至少亦七十子后学所述也。）

四、《五帝德》及《帝系姓》(太史公谓："孔子所传《帝系》一篇与《世本》同。"此二篇后并入《大戴礼》。）

五、《春秋》(鲁国史，孔子重修之。）

六、《左氏传》、《国语》(春秋后、战国初作，至汉始行世。）

七、《世本》(今不传，有重辑本，汉初人作，然多取古代材料。）

八、《竹书纪年》(战国时魏人作，今书非原本。）

九、《战国策》及周秦诸子

十、《史记》

地下之材料，仅有二种：

一、甲骨文字（殷时物，自盘庚迁殷后，迄帝乙时。）

二、金文（殷、周二代。）

今兹所讲，乃就此二种材料中，可以证明诸书，或补足纠正之者，一一述之。

第二章 禹

鼏宅禹责（秦公敦）

虩虩成唐……处禹之堵（齐侯镈钟）

秦公敦铭有"十有二公在帝之矿"语，与宋内府所藏秦盄和钟同。欧阳公《集古录·跋盄和钟》云："太史公于《秦本纪》云'襄公始列为诸侯'，于《诸侯年表》以秦仲为始。今据《年表》始秦仲，则至康公为十二公，此钟为共公时作也。据《本纪》自襄公始，则至桓公为十二公，而铭钟者当为景公也。"近儒或以为秦之立国，始非子，当从非子起算，则钟当作于宣公、成公之世。要之，无论何说，皆春秋时器也。齐侯镈钟，以字体定之，亦春秋时器。秦敦之"禹责"，即《大雅》之"维禹之绩"，《商颂》之"设都于禹之蹟"。"禹责"言"宅"，则"责"当是"蹟（迹）"之借字。齐镈言"虩虩成唐（即成汤，说见下）有敢（即"嚴"〈严〉字）在帝所，博受天命，□咸有九州，处禹之堵"。"堵"，《博古图·释都》"处禹之堵"，亦犹《鲁颂》言"缵禹之绪"也。夫自《尧典》、《皋陶谟》、《禹贡》皆纪禹事，下至《周书·吕刑》亦以禹为三后之一，《诗》言禹者尤不可胜数，固不待藉他证据。然近人乃复疑之，故举此二器，知春秋之世，东西二大国无不信禹为古之帝王，且先汤而有天下也。

第三章 殷之先公先王（略）

第四章 商诸臣

一、伊尹

祭巳卜来阙伊尹（《前编》卷八第一叶）

癸丑子卜来丁酧伊尹（《书契菁华》第十一叶）

丙寅贞又⺌⺔于伊尹二牢（《后编》卷上第二十二叶）

癸巳卜又⺌伐于伊其□大乙肜（下阙，同上）

癸酉卜贞大乙伊其（下阙，同上）

其射三牢叀伊（《戬寿堂殷虚文字》第九叶）

巳未王（阙）贞伊（阙）羊罙牛（阙）日（同上）

癸酉卜右伊五示（罗氏拓本）

虩虩成唐，有严在帝所，博受天命，□伐颐同敽厥灵师，伊小臣惟辅，咸有九州，处禹之堵。（齐侯镈钟）

卜辞有尹伊，亦单称伊。齐侯镈钟述成汤事，而"伊小臣惟辅"。孙氏诒让曰："古书多称伊尹为小臣。"《墨子·尚贤下》："汤有小臣。"《楚辞·天问》："成汤东巡，有莘爰极，何乞彼小臣，而吉妃是得？"王逸注："小臣谓伊尹也。"《吕氏春秋·尊师篇》："汤师小臣。"高诱注："小臣谓伊尹。"齐钟称伊小臣，其为伊尹无疑。是伊尹可单称伊也。又卜辞人名中屡见"寅尹"。古读"寅"亦如"伊"，故陆法言《切韵》"寅"兼"脂"、"真"二韵，而《唐韵》以降仍之，疑亦谓伊尹也。

二、咸戊

贞之于咸戊（《前编》卷一第四十三叶）

咸戊（同上）

癸酉卜之于咸六月（同上，第四十四叶）

乙亥卜☒贞求于咸十牛（同上）

庚辰卜命囗于咸（同上）

贞之囗自咸牢（《后编》第九叶）

《周书·君奭》："在大戊时，则有若伊陟、臣扈，格于上帝，巫咸乂王家。"《白虎通·姓名篇》："殷家于臣民亦得以生日名子，何不使亦不止也？以《尚书》道殷臣有巫咸，有祖己也。"王氏引之据此谓"今文《尚书》巫咸当作巫戊。今卜辞无巫咸，有咸戊，疑今文当作咸戊,《书序》"作咸乂四篇"亦或当作"咸戊作《咸戊》四篇",犹序言作"臣扈作伊陟"也。

　　右商之先公先王及先正见于卜辞者大率如此,而名字之不见于古书者不与焉。由此观之,则《史记》所述商一代世系,以卜辞证之,虽不免小有舛驳,而大致不误,可知《史记》所据之《世本》全是实录。而由殷周世系之确实,因之推想夏后氏世系之确实,此又当然之事也。又虽谬悠缘饰之书如《山海经》、《楚辞·天问》,成于后世之书,如《晏子春秋》、《墨子》、《吕氏春秋》,晚出之书如《竹书纪年》,其所言古事亦有一部分之确实性。然则经典所记上古之事,今日虽有未得二重证明者,固未可以完全抹杀也。

第五章 商之诸侯及都邑

一、殷

商之都邑见于卜辞者，曰商，曰亳。商、亳二地，余曩从古书考定之，然卜辞中固未有指示也。殷字始见于周初之盂鼎（成王二十三祀作），而不见于卜辞。然卜辞所出之地为今彰德西五里之小屯，正在洹水之南。《史记·项羽本纪》所谓洹水南故殷墟者也。《集解》及《索隐》均引汲冢古文曰："盘庚自奄迁于北冢（即蒙字，北蒙对河南之蒙亳言），曰殷虚，南去邺三十里。（虚字因正文而误加，《书疏》所引无虚字。"南去邺三十里"六字，盖《纪年》旧注。）"是殷固在河北，亦非朝歌。而《史记·殷本纪》则云："帝盘庚之时，殷已居河北。盘庚渡河，复居成汤之故居。"又云："帝武乙立，殷复去亳，徙河北。"是以殷为亳地，在河南。求其纠纷之由，则由于《尚书序》误字。《书序》："盘庚五迁，将治亳殷。"束晳谓孔子壁中《尚书》作"将始宅殷"，《孔疏》谓："亳字摩灭，容或为宅。壁内之书，安国先得，治皆作乱，其字与始不类，无缘误作始字。"段氏《古文尚书撰异》谓："治之作乱，乃伪古文，束广微当晋初未经永嘉之乱，或孔壁原文尚存秘府，所说殆不虚。"

按《隋书·经籍志》晋世秘府所存《古文尚书》经文,束晳所见,自当不诬。且亳殷二字,未见古籍。《诗·商颂》言"宅殷土茫茫",《周书·召诰》言"宅新邑";"宅殷"连言于义为长。且殷之于亳,截然二地。《楚语》白公子张曰:"昔殷武丁能耸其德,至于神明,以人于河,自河徂亳。"盖用《逸书·说命》之文。(今伪古文《说命》袭其语。)《书·无逸》称"高宗旧劳于外",当指此事。然则小乙之时,必都河北之殷,故武丁徂亳,必先人河,此其证也。《史记》既以盘庚所迁为亳,殷在河南而帝辛之亡又都河北,乃不得不以去亳徙河北归之武乙。今本《纪年》袭之。然《史记正义》引古本《竹书纪年》云:"自盘庚徙殷,至纣之灭,七百七十三年,(《集解》引《纪年》"汤灭夏,以至于受,二十九王,用岁四百九十六年",则盘庚至纣,不能有七百七十三年,此有误字。)更不迁都。"此虽不似《纪年》原文,必隐括本书为之。乃今本《纪年》于武乙三年书"自殷迁于河北",又于十五年书"自河北迁于沫",则又剿《史记》及《帝王世纪》之说,必非汲冢古文也。今龟甲兽骨所出之地,正在邺西,与古《纪年》说合。而卜辞中若"父甲一牡,父庚一牡,父辛一牡",(《后编》上第二十五叶)一骨,乃武丁时所卜。又卜辞中所祀帝王,讫于武乙、文丁,则知盘庚以后、帝乙以前,皆宅殷虚。知《纪年》所载,独得其实。故卜辞中虽不见殷字,而殷之在河北,不在河南,则可断也。此外卜辞中多纪巡幸田猎之地,其名盖以百数,然其字大都不可识,其可知者,多在大河左右数百里间。据今日研究之所得，尚未有巨大之结论也。

二、邶鄘卫

郑氏《诗谱》曰："邶、鄘、卫者，商纣畿内方千里之地。自纣城而北谓之邶，南谓之鄘，东谓之卫，以邶为近畿之地。"《续汉书·郡国志》径于河内郡朝歌下曰"北有邶国"，则以邶为在朝歌境内矣。彝器中多北伯北子器，不知出于何所。光绪庚寅，直隶涞水县张家洼又出北伯器数种，余所见拓本有鼎一，卣一。鼎文云："北伯作尊。"卣文云："北伯砍作宝尊彝。"北即古之邶也。此北伯诸器，与易州所出祖父兄三戈，足征涞易之间，尚为商邦畿之地；而其制度文物，全与商同。观于周初箕子朝鲜之封，成王肃慎之命，知商之声灵固远及东北。则邶之为国，自当远在殷北，不能于朝歌左右求之矣。邶既远在殷北，则鄘亦不当求诸殷之境内。余谓鄘与奄声相近，《书·雒诰》"无若火始焰焰"，《汉书·梅福传》引作"毋若火始庸庸"，《左》文十八年《传》"阎职"，《史记·齐太公世家》、《说苑·复恩篇》并作"庸职"，奄之为鄘犹焰阎之为庸矣。奄地在鲁，《左》襄二十五年齐鲁之间有弇中，汉初古文《礼经》出于鲁淹中，皆其证。邶、鄘去殷虽稍远，然皆殷之故地。《大荒东经》言王亥托于有易，而泰山之下亦有相土之东都，自殷未有天下时已入封域。又《尚书疏》及《史记集解》、《索隐》皆引汲冢古文盘庚自奄迁于殷,则奄又尝为殷都,故其后皆为大国。武庚之叛,奄助之尤力,及成王克殷践奄,乃封康叔于卫,周公子伯禽于鲁,召公子于燕,而太师采诗之目尚仍其故,名谓之邶、鄘,然皆有目无诗。季札观鲁乐为之歌,邶鄘卫时尚未分为三。后人以卫诗独多,遂分隶之于邶、鄘,因于殷之左右求邶、鄘二国,斯失之矣。

殷周制度论

中国政治与文化之变革,莫剧于殷周之际。都邑者,政治与文化之标征也。自上古以来,帝王之都皆在东方。太皞之虚在陈,大庭氏之库在鲁,黄帝邑于涿鹿之阿,少皞与颛顼之虚皆在鲁卫,帝喾居亳。惟史言:尧都平阳,舜都蒲坂,禹都安邑,俱僻在西北,与古帝宅京之处不同。然尧号陶唐氏,而冢在定陶之成阳;舜号有虞氏,而子孙封于梁中之虞县;孟子称舜生卒之地皆在东夷。盖洪水之灾,兖州当其下游,一时或有迁都之事,非定居于西土也。禹时都邑虽无可考,然夏自太康以后迄后桀,其都邑及他地名之见于经典者,率在东土,与商人错处河济间,盖数百岁。商有天下,不常厥邑,而前后五迁,不出邦畿千里之内。故自五帝以来,政治文物所自出之都邑,皆在东方,惟周独崛起西土。武王克纣之后,立武庚置三监而去,未能抚有东土也。逮武庚之乱,始以兵力平定东方,克商践奄,灭国五十。乃建康叔于卫,伯禽于鲁,太公望于齐，召公之子于燕。其余蔡、郕、郜、雍、曹、滕、凡、蒋、邢、茅诸国，棋置于殷之畿内及其侯甸。而齐、鲁、卫三国，以王室懿亲，并有勋伐，居蒲姑商奄故地，为诸侯长。又作洛邑为东都，以临东诸侯。而天子仍居丰镐者凡十一世。自五帝以来，都邑之自东方而移于西方，盖自周始。故以族类言之，则虞夏皆颛顼后，殷周皆帝喾后，宜殷、周为亲。以地理言之，则虞夏商皆居东土，周独起于西方。故夏商二代文化略同：洪范九畴，帝之所以锡禹者，而箕子传之矣。夏之季世，或胤甲、若孔甲、若履癸，始以日为名，而殷人承之矣。文化既尔，政治亦然。周之克殷，灭国五十，又其遗民或迁之洛邑，或分之鲁、卫诸国。而殷人所伐，不过韦、顾、昆吾。且豕韦之后，仍为商伯；昆吾虽亡，而己姓之国仍存于商周之世。《书·多士》曰"夏迪简在王庭，有服在百僚"，当属事实。故夏、殷间政治与文物之变革，不似殷、周间之剧烈矣。殷、周间之大变革，自其表言之，不过一姓一家之兴亡与都邑之移转；自其里言之，则旧制度废而新制度兴，旧文化废而新文化兴；又自其表言之，则古圣人之所以取天下及所以守之者，若无以异于后世之帝王；而自其里言之，则其制度文物与其立制之本意，乃出于万世治安之大计，其心术与规摹迥非后世帝王所能梦见也。

欲观周之所以定天下，必自其制度始矣。周人制度之大异于商者：一曰立子立嫡之制。由是而生宗法及丧服之制，并由是而有封建子弟之制，君天子臣诸侯之制。二曰庙数之制。三曰同姓不婚之制。此数者皆周之所以纲纪天下，其旨则在纳上下于道德，而合天子诸侯卿大夫士庶民以成一道德之团体。周公制作之本意，实在于此。此非穿凿附会之言也，兹篇所论，皆有事实为之根据。试略述之。

殷以前无嫡庶之制。黄帝之崩，其二子昌意、玄嚣之后，代有天下。颛顼者，昌意之子。帝喾者，玄嚣之子也。厥后虞夏皆颛顼后，殷周皆帝喾后。有天下者，但为黄帝之子孙，不必为黄帝之嫡。世动言尧舜禅让，汤武征诛，若其传天下与受天下，有大不同者。然以帝系言之，尧舜之禅天下，以舜禹之功，然舜禹皆颛顼后，本可以有天下者也。汤武之代夏商，固以其功与德，然汤武皆帝喾后，亦本可以在天下者也。以颛顼以来诸朝相继之次言之，固已无嫡庶之别矣。一朝之中，其嗣位者亦然。特如商之继统法，以弟及为主而以子继辅之，无弟然后传子。自成汤至于帝辛，三十帝中，以弟继兄者凡十四帝（外丙、中壬、大庚、雍己、大戊、外壬、河亶甲、沃甲、南庚、盘庚、大辛、小乙、祖甲、庚丁）。其以子继父者，亦非兄之子而多为弟之子（小甲、中丁、祖辛、武丁、祖庚、廪辛、武乙）。惟沃甲崩，祖辛之子祖丁立；祖丁崩，沃甲之子南庚立；南庚崩，祖丁之子阳甲立，此三事独与商人继统法不合。此盖《史记·殷本纪》所谓"中丁以后九世之乱"，其间当有争立之事，而不可考矣。故商人祀其先王，兄弟同礼；即先王兄弟之未立者，其礼亦同，是未尝有嫡庶之别也。此不独王朝之制，诸侯以下亦然。近保定南乡出句兵三，皆有铭。其一曰：大祖日己、祖日丁、祖日乙、祖日庚、祖日丁、祖日己、祖日己。其二曰：祖日乙、大父日癸、大父日癸、中父日癸、父日癸、父日辛、父日己。其三曰：大兄日乙、兄日戊、兄日壬、兄日癸、兄日癸、兄日丙。此当是殷时北方侯国勒祖父兄之名于兵器以纪功者，而三世兄弟之名先后骈列，无上下贵贱之别。是故大王之立王季也，文王之舍伯邑考而立武王也，周公之继武王而摄政称王也，自殷制言之，皆正也。（殷自武乙以后，四世传子。又《孟子》谓："以纣为兄之子且以为君，而有微子启、王子比干。"《吕氏春秋·当务》篇云："纣之同母三人：其长子曰微子启，其次曰仲衍，其次曰受德。受德乃纣也，甚少矣。纣母之生微子启与仲衍也，尚为妾，已而为妻而生纣。纣之父、纣之母欲置微子启以为太子，太史据法而争之曰：'有妻之子，而不可置妾之子。'纣故为后。"《史记·殷本纪》则云："帝乙长子为微子启，启母贱，不得嗣，少子辛，辛母正后，故立辛为嗣。"此三说虽不同，似商末已有立嫡之制，然三说已自互异，恐即以周代之制拟之，未敢信为事实也。）舍弟传子之法，实自周始。当武王之崩，天下未定，国赖长君。周公既相武王克殷胜纣，勋劳最高，以德以长，以历代之制，则继武王而自立，固其所矣。而周公乃立成王而己摄之，后又反政焉。摄政者，所以济变也；立成王者，所以居正也，自是以后，子继之法，遂为百王不易之制矣。

由传子之制而嫡庶之制生焉。夫舍弟而传子者，所以息争也，兄弟之亲本不如父子，而兄之尊又不如父，故兄弟间常不免有争位之事。特如传弟既尽之后，则嗣立者当为兄之子欤？弟之子欤？以理论言之，自当立兄之子；以事实言之，则所立者，往往为弟之子。此商人所以有中丁以后九世之乱，而周人传子之制，正为救此弊而设也。然使于诸子之中，可以任择一人而立之，而此子又可任立其欲立者，则其争益甚，反不如商之兄弟，以长幼相及者犹有次第矣。故有传子之法，而嫡庶之法亦与之俱生。其条例，则《春秋左氏传》之说曰："太子死，有母弟则立之，无则立长，年钧择贤，义钧则卜。"公羊家之说曰："礼，嫡夫人无子，立右媵；右媵无子，立左媵；左媵无子，立嫡侄娣；嫡侄娣无子，立右媵侄娣；右媵侄娣无子，立左媵侄娣。质家亲亲先立娣，文家尊尊先立侄。嫡子有孙而死，质家亲亲先立弟，文家尊尊先立孙。其双生也，质家据现在立先生，文家据本意立后生。"此二说中，后说尤为详密，顾皆后儒充类之说，当立法之初，未必穷其变至此。然所谓立子以贵不以长，立嫡以长不以贤者，乃传子法之精髓。当时虽未必有此语，固已用此意矣。盖天下之大利，莫如定；其大害，莫如争。任天者定，任人者争；定之以天，争乃不生。故天子诸侯之传世也，继统法之立子与立嫡也，后世用人之以资格也，皆任天而不参以人，所以求定而息争也。古人非不知官天下之名美于家天下，立贤之利过于立嫡，人才之用优于资格，而终不以此易彼者，盖惧夫名之可藉而争之易生，其敝将不可胜穷，而民将无时或息也。故衡利而取重，絜害而取轻，而定为立子立嫡之法，以利天下后世。而此制实自周公定之，是周人改制之最大者，可由殷制比较得之。有周一代礼制，大抵由是出也。

是故，由嫡庶之制而宗法与服术二者生焉。商人无嫡庶之制，故不能有宗法；藉曰有之，不过合一族之人奉其族之贵且贤者而宗之，其所宗之人，固非一定而不可易，如周之大宗小宗也。周人嫡庶之制，本为天子诸侯继统法而设，复以此制通之大夫以下，则不为君统而为宗统，于是宗法生焉。周初宗法虽不可考，其见于七十子后学所述者，则《丧服小记》曰："别子为祖，继别为宗，继祢者为小宗。有五世而迁之宗，其继高祖者也。是故祖迁于上，宗易于下，敬宗所以尊祖祢也。"《大传》曰："别子为祖，继别为宗，继祢者为小宗。有百世不迁之宗，有五世则迁之宗。百世不迁者，别子之后也。宗其继别子者，百世不迁者也。宗其继高祖者，五世则迁者也。尊祖故敬宗；敬宗，尊祖之义也。是故有继别之大宗，有继高祖之宗，有继曾祖之宗，有继祖之宗，有继祢之宗，是为五宗。其所宗者皆嫡也，宗之者皆庶也。此制为大夫以下设，而不上及天子诸侯。"郑康成于《丧服小记》注曰："别子，诸侯之庶子，别为后世为始祖者也。谓之别子者，公子不得祢先君也。"又于《大传》注曰："公子不得宗君。"是天子诸侯虽本世嫡，于事实当统无数之大宗，然以尊故，无宗名。其庶子不得祢先君,又不得宗今君,故自为别子,而其子乃为继别之大宗。言礼者嫌别子之世近于无宗也,故《大传》说之曰:"有大宗而无小宗者,有小宗而无大宗者,有无宗亦莫之宗者,公子是也。公子有宗道,公子之公为其士大夫之庶者,宗其士大夫之嫡者。"注曰:"公子不得宗君,君命嫡昆弟为之宗,使之宗之,此《传》所谓'有大宗而无小宗'也。又若无嫡昆弟,则使庶昆弟一人为之宗,而诸庶兄弟事之如小宗,此《传》所谓'有小宗而无大宗,也。"《大传》此说颇与《小记》及其自说违异。盖宗必有所继,我之所以宗之者以其继别若继高祖以下故也。君之嫡昆弟、庶昆弟,皆不得继先君,又何所据以为众兄弟之宗乎?或云:立此宗子者,所以合族也。若然,则所合者一公之子耳,至此公之子与先公之子若孙间,仍无合之之道。是大夫士以下皆有族,而天子诸侯之子,于其族曾祖父母、从祖祖父母、世父母、叔父母以下,服之所及者,乃无缀属之法,是非先王教人亲亲之意也。故由尊之统言,则天子诸侯绝宗,王子公子无宗,可也。由亲之统言,则天子诸侯之子,身为别子而其后世为大宗者,无不奉天子诸侯以为最大之大宗。特以尊卑既殊,不敢加以"宗"名,而其实则仍在也。故《大传》曰:君有合族之道。其在《诗·小雅》之《常棣》序曰:"燕兄弟也。"其诗曰:"傧尔笾豆,饮酒之饫。兄弟既具,和乐且孺。"《大雅》之《行苇》序曰:"周家能内睦九族也。"其诗曰:"戚戚兄弟,莫远具迩。或肆之筵,或授之几。"是即《周礼·大宗伯》所谓以饮食之礼亲宗族兄弟者，是天子之收族也。《文王世子》曰"公与族人燕，则以齿"；又曰"公与族人燕，则异姓为宾"，是诸侯之收族也。夫收族者，大宗之事也。又在《小雅》之《楚茨》曰"诸父兄弟，备言燕私"，此言天子诸侯祭毕而与族人燕也。《尚书大传》曰：宗室有事，族人皆侍终日。大宗已侍于宾奠，然后燕私。燕私者，何也？祭已而与族人饮也。是祭毕而燕族人者，亦大宗之事也。是故天子诸侯，虽无大宗之名，而有大宗之实。《笃公刘》之诗曰："食之饮之，君之宗之。"《传》曰：为之君，为之大宗也。《板》之诗曰："大宗维翰。"《传》曰："王者，天下之大宗。"又曰："宗子维城。"《笺》曰："王者之嫡子，谓之宗子。"是礼家之大宗，限于大夫以下者，诗人直以称天子诸侯。惟在天子诸侯，则宗统与君统合，故不必以宗名。大夫士以下，皆以贤才进，不必身是嫡子。故宗法乃成一独立之统系。是以丧服有为宗子及其母妻之服，皆齐衰三月，与庶人为国君、曾孙为曾祖父母之服同。嫡子庶子祇事宗子宗妇，虽贵富，不敢以贵富入于宗子之家。子弟犹归器，祭则具二牲，献其贤者于宗子夫妇，皆齐而宗敬焉，终事而敢私祭。是故大夫以下，君统之外，复戴宗统，此由嫡庶之制自然而生者也。

其次则为丧服之制。丧服之大纲四：曰亲亲，曰尊尊，曰长长，曰男女有别。无嫡庶，则有亲而无尊，有恩而无义，而丧服之统紊矣。故殷以前之服制，就令成一统系，其不能如周礼服之完密，则可断也。丧服中之自嫡庶之制出者，如父为长子三年，为众子期，庶子不得为长子三年。母为长子三年，为众子期。公为嫡子之长殇中殇大功，为庶子之长殇中殇无服。大夫为嫡子之长殇中殇大功，为庶子之长殇小功。嫡妇大功，庶妇小功。嫡孙期，庶孙小功。大夫为嫡孙为士者期，庶孙小功。出妻之子为母期，为父后者则为出母无服。为父后者为其母缌。大夫之嫡子为妻期，庶子为妻小功。大夫之庶子为嫡昆弟期，为庶昆弟大功，为嫡昆弟之长殇中殇大功，为庶昆弟之长殇小功，为嫡昆弟之下殇小功，为庶昆弟之下殇无服。女子子适人者，为其昆弟之为父后者期，为众昆弟大功。凡此皆出于嫡庶之制，无嫡庶之世，其不适用此制明矣。又无嫡庶，则无宗法，故为宗子与宗子之母妻之服，无所施。无嫡庶，无宗法，则无为人后者，故为人后者，为其所后，及为其父母昆弟之服，亦无所用。故《丧服》一篇，其条理至精密纤悉者，乃出于嫡庶之制既行以后，自殷以前，决不能有此制度也。

为人后者为之子，此亦由嫡庶之制生者也。商之诸帝，以弟继兄者，但后其父而不后其兄，故称其所继者，仍曰兄甲兄乙，既不为之子，斯亦不得云为之后矣。又商之诸帝，有专祭其所自出之帝，而不及非所自出者。卜辞有一条曰："大丁、大甲、大庚、大戊、中丁、祖乙、祖辛、祖丁、牛一羊一。"（《殷虚书契后编》卷上第五叶，及拙撰《殷卜辞中所见先公先王续考》）其于大甲、大庚之间不数沃丁，是大庚但后其父大甲，而不为其兄沃丁后也。中丁、祖乙之间不数外壬、河亶甲，是祖乙但后其父中丁，而不为其兄外壬、河亶甲后也。又一条曰："□祖乙（小乙）、祖丁（武丁）、祖甲、康祖丁（庚丁）、武乙、衣。"（《书契后编》卷上第二十叶，并拙撰《殷卜辞中所见先公先王考》）于祖甲前不数祖庚，康祖丁前不数廪辛，是亦祖甲本不后其兄祖庚，庚丁不后其兄廪辛，故后世之帝于合祭之一种中，乃废其祀（其特祭仍不废）。是商无"为人后者为之子"之制也。周则兄弟之相继者，非为其父后而实为所继之兄弟后。以春秋时之制言之，《春秋经·文二年》书："八月丁卯大事于大庙跻僖公。"《公羊传》曰："讥。何讥尔？逆祀也。其逆祀奈何？先祢而后祖也。"夫僖本闵兄，而《传》乃以闵为祖，僖为祢，是僖公以兄为弟闵公后，即为闵公子也。又《经》于成十五年书："三月乙巳仲婴齐卒。"《传》曰："仲婴齐者，公孙婴齐也。公孙婴齐，则曷为谓之仲婴齐？为兄后也。为兄后，则曷为谓之仲婴齐？为人后者为之子也。为人后者为之子，则其称'仲'何？孙以王父字为氏也。然则婴齐孰后？后归父也。"夫婴齐为归父弟，以为归父后，故祖其父仲遂而以其字为氏。是春秋时为人后者，无不即为其子。此事于周初虽无可考，然由嫡庶之制推之，固当如是也。

又与嫡庶之制相辅者，分封子弟之制是也。商人兄弟相及，凡一帝之子，无嫡庶长幼，皆为未来之储贰，故自开国之初，已无封建之事，矧在后世？惟商末之微子、箕子，先儒以微、箕为二国名，然比干亦王子而无封，则微、箕之为国名，亦未可遽定也。

是以殷之亡，仅有一微子以存商祀；而中原除宋以外，更无一子姓之国，以商人兄弟相及之制推之，其效固应如是也。周人既立嫡长，则天位素定，其余嫡子庶子，皆祖其贵贱贤否，畴以国邑。开国之初，建兄弟之国十五，姬姓之国四十，大抵在邦畿之外。后王之子弟亦皆使食畿内之邑。故殷之诸侯皆异姓，而周则同姓异姓各半。此与政治文物之施行甚有关系，而天子诸侯君臣之分，亦由是而确定者也。

自殷以前，天子诸侯君臣之分未定也。故当夏后之世，而殷之王亥、王恒，累世称王。汤未放桀之时，亦已称王。当商之末，而周之文武亦称王。盖诸侯之于天子，犹后世诸侯之于盟主，未有君臣之分也。周初亦然，于《牧誓》、《大诰》，皆称诸侯曰"友邦君"，是君臣之分亦未全定也。逮克殷践奄，灭国数十，而新建之国，皆其功臣昆弟甥舅，本周之臣子；而鲁、卫、晋、齐四国，又以王室至亲为东方大藩，夏殷以来古国，方之蔑矣。由是天子之尊，非复诸侯之长，而为诸侯之君。其在丧服，则诸侯为天子斩衰三年，与子为父、臣为君同。盖天子诸侯君臣之分，始定于此。此周初大一统之规模，实与其大居正之制度相待而成者也。

嫡庶者，尊尊之统也，由是而有宗法，有服术。其效及于政治者，则为天位之前定，同姓诸侯之封建，天子之尊严。然周之制度亦有用亲亲之统者，则祭法是已。商人祭法见于卜辞所纪者，至为繁复。自帝喾以下至于先公先王先妣，皆有专祭，祭各以其名之日，无亲疏远祢之殊也。先公先王之昆弟，在位者与不在位者，祀典略同，无尊卑之差也。其合祭也，则或自上甲至于大甲九世，或自上甲至于武乙二十世，或自大丁至于祖丁八世，或自大庚至于中丁三世，或自帝甲至于祖丁二世，或自小乙至于武乙五世，或自武丁至于武乙四世。又数言：自上甲至于多后，衣。此于卜辞屡见，必非周人三年一祫、五年一禘之大祭，是无毁庙之制也。虽《吕览》引《商书》言"五世之庙可以观怪"，而卜辞所纪事实，乃全不与之合，是殷人祭其先，无定制也。周人祭法，《诗》、《书》、《礼》经皆无明文。据礼家言，乃有七庙四庙之说。此虽不可视为宗周旧制，然礼家所言庙制，必已萌芽于周初，固无可疑也。古人言周制尚文者，盖兼综数义而不专主一义之谓。商人继统之法，不合尊尊之义。其祭法又无远迩尊卑之分，则于亲亲尊尊二义，皆无当也。周人以尊尊之义经亲亲之义，而立嫡庶之制；又以亲亲之义经尊尊之义，而立庙制：此所以为"文"也。说庙制者，有七庙四庙之殊，然其实不异。《王制》、《礼器》、《祭法》、《春秋穀梁传》皆言天子七庙，诸侯五。《曾子问》言"当七庙五庙无虚主"。《荀子·礼论》篇亦言有天下者事七世、有一国者事五世。"惟《丧服小记》独言王者禘其祖之所自出，以其祖配之而立四庙。"郑注："高祖以下也，与始祖而五也。"始郑说，是四庙实五庙也。《汉书·韦玄成传》：玄成等奏，《祭义》曰，王者禘其祖之所自出，以其祖配之而立四庙。言始受命而王，祭天以其祖配，而不为立庙，亲尽也。立亲庙四，亲亲也。亲尽而迭毁，亲疏之杀示有终。周之所以七庙者，以后稷始封，文王武王受命而王，是以三庙不毁，与亲庙四而七。《公羊》宣六年《传》，何注云：礼，天子诸侯立五庙。周家祖有功，宗有德，立后稷、文、武庙，至于子孙，自高祖以下而七庙。《王制》郑注亦云：七者，太祖及文武之祧，与亲庙四。则周之七庙，仍不外四庙之制。刘歆独引《王制》说之曰：天子三昭三穆，与太祖之庙而七。七者其正法，不可常数者也。宗不在此数中，宗变也。是谓七庙之中不数文武，则有亲庙六。以礼意言之，刘说非也。盖礼有尊之统，有亲之统。以尊之统言之，祖愈远则愈尊，则如殷人之制，遍祀先公先王可也。庙之有制也，出于亲之统。由亲之统言之，则亲亲以三为五，以五为九，上杀下杀旁杀而亲毕矣。亲，上不过高祖，下不过玄孙。故宗法服术，皆以五为节。丧服有曾祖父母服，而无高祖父母服，曾祖父母之服，不过齐衰三月。若夫玄孙之生，殆未有及见高祖父母之死者，就令有之，其服亦不过袒免而止。此亲亲之界也，过是则亲属竭矣，故遂无服。服之所不及，祭亦不敢及。此礼服家所以有天子四庙之说也。刘歆又云：天子七日而殡，七月而葬；诸侯五日而殡，五月而葬。此丧事尊卑之序也，与庙数相应。《春秋左氏传》曰：名位不同，礼亦异数，自上以下，降杀以两，礼也。虽然，言岂一端而已。礼有以多为贵者、有以少为贵者、有无贵贱一者。车服之节，殡葬之期，此有等衰者也。至于亲亲之事，则贵贱无以异。

以三为五，大夫以下用之；以五为九，虽天子不能过也。既有不毁之庙以存尊统，复有四亲庙以存亲统，此周礼之至文者也。宗周之初，虽无四庙明文，然祭之一种限于四世，则有据矣。《逸周书·世俘解》："王克殷，格于庙，王烈祖自大王、大伯、王季、虞公、文王、邑考以列升。"此大伯、虞公、邑考与三王并升，犹用殷礼，然所祀者四世也。《中庸》言："周公成文武之德，追王大王王季，上祀先公以天子之礼。"于先公之中追王二代，与文武而四。则成王周公时庙数，虽不必限于四王，然追王者与不追王者之祭，固当有别矣。《书·顾命》所设几筵，乃成王崩，召公摄成王册命康王时依神之席。（见拙撰《周书顾命考》及《顾命后考》）而其席则牖间西序东序与西夹凡四，此亦为大王、王季、文王、武王设。是周初所立，即令不止四庙，其于高祖以下，固与他先公不同。其后遂为四亲庙之制，又加以后稷文武，遂为七庙。是故遍祀先公先王者，殷制也；七庙四庙者，七十子后学之说也。周初制度，自当在此二者间。虽不敢以七十子后学之说上拟宗周制度，然其不如殷人之遍祀其先，固可由其他制度知之矣。

以上诸制，皆由尊尊亲亲二义出。然尊尊亲亲贤贤，此三者治天下之通义也。周人以尊尊亲亲二义，上治祖祢，下治子孙，旁治昆弟，而以贤贤之义治官。故天子诸侯世，而天子诸侯之卿大夫士皆不世。盖天子诸侯者，有土之君也。有土之君，不传子不立嫡，则无以弭天下之争。卿大夫士者，图事之臣也，不任贤，无以治天下之事。以事实证之：周初三公，惟周公为武王母弟，召公则疏远之族兄弟，而太公又异姓也。成康之际，其六卿为召公、芮伯、彤伯、毕公、卫侯、毛公，而召、毕、毛三公，又以卿兼三公，周公太公之子不与焉。王朝如是，侯国亦然。故《春秋》讥世卿。世卿者，后世之乱制也。礼有大夫为宗子之服，若如春秋以后世卿之制，则宗子世为大夫，而支子不得与，又何大夫为宗子服之有矣！此卿大夫士不世之制，当自殷已然，非属周制。虑后人疑传子立嫡之制通乎大夫以下，故附著之。

男女之别，周亦较前代为严。男子称氏，女子称姓，此周之通制也。上古女无称姓者，有之惟一姜嫄。姜嫄者，周之妣，而其名出于周人之口者也。传言黄帝之子为十二姓，祝融之后为八姓，又言虞为姚姓，夏为姒姓，商为子姓。凡此纪录，皆出周世。据殷人文字，则帝王之妣与母，皆以日名，与先王同。诸侯以下之妣亦然。（传世商人彝器，多有"妣甲"、"妣乙"诸文。）虽不敢谓殷以前无女姓之制，然女子不以姓称，固事实也。（《晋语》："殷辛伐有苏氏，有苏氏以妲己女焉。"案，苏国己姓，其女称妲己，似己为女子称姓之始，然恐亦周人追名之。）而周则大姜、大任、大姒、邑姜，皆以姓著。自是迄于春秋之末，无不称姓之女子。《大传》曰："四世而缌，服之穷也；五世袒免，杀同姓也；六世亲属竭矣。其庶姓别于上而戚单于下，婚姻可以通乎？"又曰："系之以姓而弗别，缀之以食而弗殊，虽百世而婚姻不通者，周道然也。"然则商人六世以后，或可通婚；而同姓不婚之制，实自周始，女子称姓，亦自周人始矣。

是故有立子之制，而君位定；有封建子弟之制，而异姓之势弱，天子之位尊；有嫡庶之制，于是有宗法、有服术，而自国以至天下，合为一家；有卿大夫不世之制，而贤才得以进；有同姓不婚之制，而男女之别严。且异姓之国，非宗法之所能统者，以婚媾甥舅之谊通之。于是天下之国，大都王之兄弟甥舅，而诸国之间，亦皆有兄弟甥舅之亲。周人一统之策，实存于是。此种制度，固亦由时势之所趋，然手定此者，实惟周公。原周公所以能定此制者，以公于旧制本有可以为天子之道，其时又躬握天下之权，而顾不嗣位而居摄，又由居摄而致政，其无利天下之心，昭昭然为天下所共见。故其所设施，人人知为安国家、定民人之大计，一切制度遂推行而无所阻矣。

由是制度，乃生典礼，则经礼三百、曲礼三千是也。凡制度典礼所及者，除宗法、丧服数大端外，上自天子诸侯，下至大夫士止，民无与焉，所谓"礼不下庶人"是也。若然，则周之政治，但为天子诸侯卿大夫士设，而不为民设乎？曰：非也。凡有天子诸侯卿大夫士者，以为民也。有制度典礼以治天子诸侯卿大夫士，使有恩以相洽，有义以相分，而国家之基定，争夺之祸泯焉。民之所求者，莫先于此矣。且古之所谓国家者，非徒政治之枢机，亦道德之枢机也。使天子诸侯大夫士各奉其制度典礼，以亲亲、尊尊、贤贤明男女之别于上，而民风化于下，此之谓治，反是则谓之乱。是故天子诸侯卿大夫士者，民之表也；制度典礼者，道德之器也。周人为政之精髓，实存于此。此非无征之说也。以经证之：《礼》经言治之迹者，但言天子诸侯卿大夫士；而《尚书》言治之意者，则惟言庶民。《康诰》以下九篇，周之经纶天下之道胥在焉。其书皆以民为言。《召诰》一篇言之，尤为反复详尽，曰命，曰天，曰民，曰德，四者一以贯之。其言曰："天亦哀于四方民，其眷命用懋，王其疾敬德。"又曰："今天其命哲，命吉凶，命历年，知今我初服，宅新邑，肆惟王其疾敬德。王其德之用，祈天永命！"又曰："欲王以小民受天永命。"且其所谓德者，又非徒仁民之谓，必天子自纳于德，而使民则之。故曰："其惟王勿以小民淫用非彝。"又曰："其惟王位在德元，小民乃惟刑用于天下，越王显。"充此言以治天下，可云至治之极轨，自来言政治者，未能有高焉者也。古之圣人，亦岂无一姓福祚之念存于其心，然深知，夫一姓之福祚与万姓之福祚是一非二，又知一姓万姓之福祚与其道德是一非二，故其所以"祈天永命"者，乃在"德"与"民"二字。此篇乃召公之言，而史佚书之以诰天下。(《洛诰》云："作册逸诰"，是史逸所作。《召诰》与《洛诰》日月相承，乃一篇分为二者，故亦史佚作也。)文武周公所以治天下之精义大法，胥在于此。故知周之制度典礼，实皆为道德而设，而制度典礼之专及大夫士以上者，亦未始不为民而设也。

周之制度典礼乃道德之器械，而尊尊、亲亲、贤贤、男女有别四者之结体也。此之谓"民彝"。其有不由此者，谓之"非彝"。《康诰》曰："勿用非谋非彝。"《召诰》曰："其惟王勿以小民淫用非彝。""非彝"者，礼之所去，刑之所加也。《康诰》曰："凡民自得罪，寇攘奸宄，杀越大于货，暋不畏死，罔不憝。"又曰："元恶大憝，矧惟不孝不友。子弗祗服厥父事，大伤厥考心，于父不能字厥子，乃疾厥子。于弟弗念天显，乃弗克恭厥兄，兄亦不念鞠子哀，大不友于弟。惟吊兹，不于我政人得罪，天惟与我民彝大泯乱，曰：乃其速由文王作罚，刑兹无赦！"此周公诰康叔治殷民之道。殷人之刑惟"寇攘奸宄"，而周人之刑，则并及"不孝不友"。故曰："惟吊兹，不于我政人得罪，"又曰："乃其速由文王作罚，"其重"民彝"也如此。是周制刑之意，亦本于德治礼治之大经，其所以致太平与刑措者，盖可睹矣。

夫商之季世，纪纲之废、道德之隳极矣。周人数商之罪，于《牧誓》曰："今商王受，惟妇言是用，昏弃厥肆祀弗答，昏弃厥遗王父母弟弗迪，乃惟四方之多罪逋逃，是崇是长，是信是使是以为大夫卿士，以暴虐于百姓，以奸宄于商邑。"于《多士》曰："在今后嗣王，诞淫厥泆，罔顾于天显民祗。"于《多方》曰，乃惟尔辟，以尔多方，大淫图天之命，屑有辞。"于《酒诰》曰："在今后嗣王酗身，厥命罔显于民，祗保越怨不易。诞惟厥纵淫泆于非彝，用燕丧威仪，民罔不尽伤心。惟荒腆于酒，不惟自息乃逸，厥心疾很，不克畏死。辜在商邑，越殷国灭无罹。弗惟德馨香，祀登闻于天，诞惟民怨。庶群自酒，腥闻在上，故天降丧于殷，罔爱于殷，惟逸。天非虐，惟民自速辜。"由前三者之说，则失德在一人；由后之说，殷之臣民其渐于亡国之俗久矣。此非敌国诬谤之言也，殷人亦屡言之。《西伯戡黎》曰："惟王淫戏用自绝。"《微子》曰："我用沈酗于酒，用乱败厥德于下。殷罔不小大，好草窃奸宄，卿士师师非度，凡有辜罪，乃罔恒获。小民方兴，相为敌雠。"又曰："天毒降灾荒殷邦，方兴沈酗于酒，乃罔畏畏，咈其耇长，旧有位人。今殷民，乃攘窃神祇之牺牷牲，用以容，将食无灾。"夫商道尚鬼，乃至窃神祇之牺牲。卿士浊乱于上，而法令隳废于下，举国上下惟奸宄敌雠之是务，固不待孟津之会、牧野之誓，而其亡已决矣。而周自大王以后，世载其德。自西土邦君，御事小子，皆克用文王教。至于庶民，亦聪听祖考之彝训。是殷周之兴亡，乃有德与无德之兴亡。故克殷之后，尤兢兢以德治为务。《召诰》曰："我不可不监于有夏，亦不可不监于有殷。我不敢知，曰，有夏受天命，惟有历年。我不敢知，曰，不其延，惟不敬厥德，乃早坠厥命。我不敢知，曰，有殷受天命，惟有历年。我不敢知，曰，不其延，惟不敬厥德，乃早坠厥命。今王嗣受厥命，我亦惟兹二国命，嗣若功。王乃初服。"周之君臣，于其嗣服之初，反复教戒也如是，则知所以驱"草窃奸宄"、"相为敌雠"之民，而跻之仁寿之域者，其经纶固大有在。欲知周公之圣与周之所以王，必于是乎观之矣。

中国历代之尺度

一、刘歆铜斛尺（长工部营造尺七寸二分，九英寸又十二分之一。）

新莽嘉量，今藏坤宁宫，其斛铭曰："方尺而圜其外，深尺。"斗铭云："方尺而圜其外，深寸，"此尺即据斛之纵广及深所制也。《隋书·律历志》谓之刘歆铜斛尺，今从之。《隋志》谓周尺、后汉建武铜尺、晋泰始十年荀勖律尺（即晋前尺）并与此尺同，故列之第一种，其后复列自汉至隋十四种尺，并以第一种尺比较之。故此尺出，而《隋志》之十五种尺，无一不可再制矣。

《王复斋钟鼎款识》中有晋前尺拓本，余曩已考定为宋高若讷摹制之品。（见《观堂集林》卷十五）今原拓已亡，扬州阮氏及汉阳叶氏刊本，均与此尺不合。然阮文达跋，谓建初六年尺较此晋尺长二分强，（《积古斋钟鼎彝器款识》十）则其拓本甚近此尺，但微弱耳，考高若讷造《隋志》十五种尺，本用汉泉（实谓王莽钱布）尺寸，今用莽货布四积为一尺，亦与此甚近而微弱，然终不如此尺之得其正也。

二、后汉建初铜尺（长工部营造尺七寸三分七厘，九英寸又二十四分之七。）

原尺藏曲阜衍圣公府，今未知存亡。世所传拓本、摹本及仿制品甚多，长短不同，均未可依据。癸亥年，鄞县马叔平（衡）见一仿制尺，汉阳叶东卿志诜所仿以赠翁学士（方纲）者，其长如此。又上虞罗氏藏一未装裱旧拓本，长短亦同（装裱后，纸易伸展，恒较原器及原拓为长），原物既不可见，当以此本为最合矣。

三、无款识铜尺（拓本。长营造尺七寸三分五厘，九英寸又八分之七。）

乌程蒋氏藏。比建初尺稍长，晋以前物也。

四、唐镂牙尺（拓本。长营造尺九寸四分弱，十一英寸又四十八分之三十九。）

乌程蒋氏藏，刻镂精绝。《大唐六典》中尚署令注云："每年二月二日进镂牙尺。"即此是也。中土素未闻有唐尺，余由日本奈良正仓院所藏红绿牙尺，定为唐开元以前之物。

五、唐红牙尺甲（摹本。长营造尺九寸三分弱，十一英寸又四十八分之三十一。）

六、唐红牙尺乙（摹本。长营造尺九寸五分，十一英寸又十二分之十一。）

七、唐绿牙尺甲（摹本。长营造尺九寸五分，十一英寸又十二分之十一。）

八、唐绿牙尺乙（摹本。长营造尺九寸二分强，十一英寸又四十八分之二十九。）

九、唐白牙尺甲（摹本。长营造尺九寸三分，十一英寸又四分之一。）

十、唐白牙尺乙（摹本。长同上。）

右六尺，日本奈良正仓院藏，乃日本孝谦天皇天平胜宝八年（当唐至德二载）其皇太后献于东大寺者，后手书愿文及献物帐真迹亦藏院中，帐中有红牙拨镂尺二、绿牙拨镂尺二、白牙尺二，今并完好。观其形制，必当时遣唐使所赍去也。此六尺曾影印于《东瀛珠光》第一册中，余从《珠光》摹出。

十一、无款铜尺（拓本。长营造尺九寸四分强，十一英寸又六分之五。）

乌程蒋氏藏，宋以前物。

十二、宋木尺甲（拓本。长营造尺一尺〇二分，十二英寸又四分之一。）

十三、宋木尺乙（拓本。长同上。）

十四、宋木尺丙（拓本。长营造尺九寸七分，十二英寸强。）

藏上虞罗氏。辛酉年夏，出于宋钜鹿故城，同时所出磁器有大观政和纪年款，知此乃宋尺也。

十五、明嘉靖牙尺（拓本。长营造尺一尺微弱，十二英寸又五分。）

武进袁氏藏，侧有款曰："大明嘉靖年制。"

十六、工部营造尺（长十二英寸又十二分之七。）

右所陈列之尺，合实物、拓本、摹本，共十六种，自汉讫近世之尺度，略具于是。案，尺之为物，不独为人生日用所必需，其大者如调钟律、测晷景，胥于尺度是赖，故历代制作不能不求精密，且须参考古制。晋荀勖造泰始律尺（即晋前尺）实据姑洗玉律、小吕玉律、西京铜望、臬金错望、臬铜斛、古钱、建武铜尺七种，参校定之。唐李淳风撰《隋书·律历志》列自周至隋十五种尺，并以晋前尺校之，示其比例，其所据者，大半实物也。宋仁宗时，高若讷等议钟律得失，乃用王莽钱币尺寸，依《隋书》定尺十五种上之。元明学者，罕有讨论。大清康熙间，曲阜孔东塘（尚任）得汉建初尺及宋三司布帛尺，其拓本、摹本多传于世，后人得资以考订古物。又宋高若讷所造之晋前尺，其拓本尚存于《王复斋钟鼎款识》册中，沈果堂（彤）、程易畴（瑶田）等，亦据以考古代礼制。光绪甲午，吴清卿（大澂）撰《度量权衡实验考》，复据古玉、古器、古钱以考历代尺度，然于唐以后之制颇略。近时所见，如刘歆铜斛尺、唐牙尺、宋木尺、明嘉靖尺，皆吴氏所未及见也。故尺度一事，比权量之研究自为简易，然在十年或二十年以前，尚不能为此比较之研究也。

据前比较之结果，则尺度之制由短而长，殆成定例。然其增率之速，莫剧于东晋、后魏之间，三百年间几增十分之三。今六朝之尺虽无一存，然据《隋书·律历志》所载，则：

魏尺比晋前尺一尺四分五厘（长营造尺七寸五分强，九英寸又二分之一弱。）

晋后尺比晋前尺一尺六分二厘（长营造尺七寸六分强，九英寸又二十四分之十五。）

宋氏尺比晋前尺一尺六分四厘（长营造尺七寸六分五厘，九英寸又二十四分之十五强。）

梁朝佑间尺比晋前尺一尺七分一厘（长营造尺七寸七分强，九英寸又四分之三。）

后魏前尺比晋前尺一尺二寸七厘（长营造尺八寸七分弱，十英寸又十二分之十一弱。）

后魏中尺比晋前尺一尺二寸一分一厘（长营造尺八寸七分强，十一英寸。）

后魏后尺（后周市尺、隋开皇官尺同）比晋前尺一尺二寸八分一厘（长营造尺九寸二分弱，十一英寸又四十八分之三十一。）

东魏尺比晋前尺一尺五寸八豪（长营造尺一尺〇八分强，十三英寸又二十四分之十五弱。）

此即自汉尺增至唐尺之径路，而自唐迄今，则所增甚微，宋后尤微。求其原因，实由魏晋以降以绢布为调，而绢布之制率以二尺二寸为幅、四丈为匹。官吏惧其短耗，又欲多取于民。故尺度代有增益，北朝尤甚。自金元以后，不课绢布，故八百年来尺度犹仍唐、宋之旧。案，《隋书·律历志》载高祖之言，谓"魏及周齐贪布帛长度，故用土尺"。今征之《魏书·高祖纪》，太和十九年"诏改长尺大斗"。又《杨津传》："延昌末，津为华州刺史。先是受调绢匹，度尺特长，在事因缘，共相进退，百姓苦之。津乃令依公尺度。"案，自太和末至延昌，不及二十年，而其弊已如此。又《张普惠传》：神龟中，"天下民调幅度长广，尚书计奏复征绵麻。普惠上疏曰，绢布匹有丈尺之赢，一犹不计其广，丝绵斤兼百铢之剩，未闻依律罪州郡。若一匹之滥，一斤之恶，则鞭户主，连三长，此所谓教民以贪者也。今百官请俸，人乐长阔，并欲厚重，无复准极。得长阔厚重者，便云其州能调绢布，精阔且长，横发美誉，不闻嫌长恶广求计还官者。此百官之所以仰负圣明也。"云云。尺度之由短而长，全由于此。且当时不独增尺法，又增匹法。《魏书·卢同传》："熙平初，转尚书左丞，时相州刺史奚康生征民岁调，皆七八十尺，以要奉公之誉，部内患之。同于岁禄官给长绢，同乃举案康生度外征调，书奏，诏科康生之罪。"《北史·崔逞传》："时保调绢以七丈为匹，逞言之，乃依旧焉。"合此数事观之，则尺度之骤增于后魏一代者，更不烦解说矣。

孔氏所藏宋三司布帛尺，未见有拓本传世。世所传仿制品，大率当工部营造尺之八寸七分许，其正确与否，所不敢知。要之短于唐尺，与上言尺度由短而长之定例不符。然细考唐、宋尺制，则此尺不独不能外此例，且足为此例作一佳证也。何则？唐之尺法，本有二种。《大唐六典》金部郎中条云：凡度以北方秬黍中者，一黍之广为一分，十分为寸，十寸为尺，十二寸为大尺，十尺为丈。又云：凡积秬黍为度量权衡者，调钟律、测晷景、合汤药及冠冕之制，则用之。内外官司，悉用大者。案，此制本出后周，而隋唐沿用之。宋仍唐制，亦用二种尺。其量布帛也，或用三司布帛尺，则以四十八尺为匹。或用淮尺，则以四十尺为匹。程大昌《演繁露》云：官尺者与浙尺同，仅比淮尺十八，公私随事致用。予尝怪之，盖见唐制而知其由来久矣。金部定制，以北方秬黍中者为则，凡横度及百黍即为一尺。此尺既定，而尺加二寸，别名大尺。唐帛以四丈为匹，用大尺准之，盖秬尺四十八尺也，今官帛乃今官尺四十八尺，准以淮尺，正其四丈也。国朝事多本唐，岂今之省尺即用唐秬尺为定耶？不然，何为官府通用省尺而缯帛特用淮尺也？云云。案，程氏所云官尺、省尺即三司布帛尺（赵与时《宾退录》云，省尺者，三司布帛尺也）虽较唐秬尺颇长，而宋人以之当唐秬尺，又以淮尺当唐大尺。其言固不诬也，而今传摹之布帛尺长于唐秬尺者，至今尺一寸许，则宋淮尺之大于唐大尺，又可见矣。故曰，此尺不足破尺度由短而长之定例，且足为此例之一佳证也。

度量权衡变迁之定例

度量权衡，自古讫今，皆由短而长，由小而大，殆为定例。尺则汉建初尺，比元延尺长二分许。魏杜夔尺，又长于汉尺五分。晋前尺虽同于汉尺，而晋后尺则比晋前尺一尺六分二厘。宋氏尺比晋前尺一尺六分四厘。梁朝俗间尺比晋前尺一尺七分一厘。后魏前尺比晋前尺一尺二寸七厘，中尺比晋前尺一尺二寸一分一厘，后尺比晋前尺一尺二寸八分一厘。后用市尺与开皇官尺，皆同北魏后尺。唐亦如之。而其增率之速莫剧于两晋后魏之际，三百年间，几增十分之三。前此则周尺、汉尺、晋前尺，虽不必如《隋志》所言，全相符合，要其增率不过数分。求魏晋以后尺法所以骤增之故，实由当时中原户调，始课绢布，官吏惧其减耗，又欲多取于民，故其增加之率，至大且速。考《魏书·高祖纪》："太和十九年，诏改长尺大斗。"而《杨津传》言："延昌末，津为华州刺史。先是，受调绢布，尺度特长，在事因缘，共相进退，百姓苦之。津乃令依公尺度。"则自太和末至延昌，不及二十年，而其弊如故。又《张普惠传》："神龟中，天下民调，幅度长阔，尚书计奏，复征绵麻。普惠上疏曰：'绢布，匹有丈尺之盈一，犹不计其广；丝绵，斤兼百铢之剩，未闻依律罪州郡。若一匹之滥，一斤之恶，则鞭户主，连长，此所谓教民以贪者也。今百官请俸，人乐长阔，并欲厚重，无复准极。得长阔厚重者，便云其州能调，绢布精阔且长，横发美誉；不闻嫌长恶广，求计还官者。此百官所经仰灭圣明也。'"云云。观于此疏，则当时增尺之理，甚为了然。且其时不独增尺法，又增匹法。自周汉以来，布帛皆以四丈为一匹。《北史·卢同传》载："后魏熙平间，同累迁尚书左丞。时相州刺史奚康生征百姓岁调，皆长七八十尺，以邀奉公之誉，部内患之。同于岁禄，官给长绢。乃举案康生度外征调。书奏，诏抵康生罪。"又《北史·崔逞传》亦言北齐天保中，"调绢以七丈为匹，为逞言之，乃依旧焉"。由是观之，一尺之增，于历代调绢至为明白。调法于绢布之外，兼调丝麻，皆以斤计。租法用粟，则以石计。权衡二物，自汉至隋，增至三倍，亦由是故。以调绢之事观之，盖可信矣。

今世所传宋三司布帛尺，较隋唐官尺为短，似出前例之外。然自古讫唐，绢之定制，皆以四丈为匹，宋以四丈二尺为匹，尺法所减，以匹法偿之而有余。宋尺稍短，职是故也。元明以后，无绢布之调，明代虽有布缕之征，然皆用米折，而明尺反绝大，又似与前例不合。然明尺之长，当自宋元之际已然，观宋初布帛，幅度二尺五分，元时则仅一尺四寸至一尺六寸（见《元典章》），其尺度之长，可以想见。自元以后，不课绢布，故国朝工部营造尺，反短于明尺，惟量地藩尺独与明尺同。盖因清丈之事，最易扰民，故特用长尺以优之。此与古代调绢增尺之故，大相异也。

　　古者岁调绢布，皆纪年月日郡县及输纳者姓名，观《魏书》张普惠之疏与《北史·卢同传》所记论奚康生事可知。盖不记郡县年月日，则无自知调绢长吏为何人，又苟不记输纳者姓名，则鞭户主连三长之事亦不能有也。至汉之任城国元父绅，则并记丈尺价值，而不记年月日。考《后汉书·光武十王传》："顺帝时，羌虏数反，任城王崇辄上钱帛佐边费。"此绅出古长城下，殆即当时佐边费者，乃国王所献，非民间所纳。（汉时除变夷课宾布外，尚无调绢布之制。）故但著其地及大尺价值欤？

地理考源

秦都邑考

秦之祖先，起于戎狄，当殷之末，有中潏者，已居西垂，大骆、非子以后，始有世系可纪，事迹亦较有据。其历世所居之地，曰西垂、曰犬邱、曰秦、曰渭汧之会、曰平阳、曰雍、曰泾阳、曰栎阳、曰咸阳，此九地中，惟西垂一地，名义不定。犬邱、泾阳二地，有异实而同名者，后人误甲为乙，遂使一代崛起之地与其经略之迹不能尽知，世亦无正其误者。案：西垂之义，本谓西界。《史记·秦本纪》："中潏在西戎，保西垂。"又："申侯谓孝王曰：昔我先郦山之女，为戎胥轩妻，生中潏，以亲故归周，保西垂，西垂以其故和睦。"又云：庄公"为西垂大夫。"以语意观之，西垂殆泛指西土，非一地之名。然《封禅书》言："秦襄公既侯，居西垂。"

《本纪》亦云"文公元年居西垂宫",则又似特有西垂一地。

《水经·漾水注》,以汉陇西郡之西县当之,其地距秦亭不远。使西垂而系地名,则郦说无以易矣。惟犬邱一地,徐广曰:"今槐里也。"案:槐里之名犬邱,班固《汉书·地理志》、宋衷《世本注》均有此说。此乃周地之犬邱,非秦大骆、非子所居之犬邱也。《本纪》云"非子居犬邱",又云"大骆地犬邱",夫槐里之犬邱为懿王所都,而大骆与孝王同时,仅更一传,不容为大骆所有,此可疑者一也。又云宣公子庄公,以"其先大骆地犬邱为西垂大夫。"若西垂泛指西界,则槐里尚在雍岐之东,不得云西垂。若以西垂为汉之西县,则槐里与西县相距甚远,此可疑者二也。且秦自襄公后始有岐西之地,厥后文公居汧渭之会,宁公居平阳,德公居雍,皆在槐里以西,无缘大骆、庄公之时已居槐里,此可疑者三也。案:《本纪》又云"庄公居其故西犬邱",此西犬邱实对东犬邱之槐里言,《史记》之文,本自明白,但其余犬邱字上均略去"西"字。余疑犬邱、西垂本一地,自庄公居犬邱、号西垂大夫,后人因名西犬邱为西垂耳。然则大骆之起,远在陇西,非子邑秦,已稍近中国。庄公复得大骆故地,则又西徙。逮襄公伐戎至岐,文公始逾陇而居汧渭之会,其未逾陇以前,殆与诸戎无异。自徐广以犬邱为槐里,《正义》仍之,遂若秦之初起已在周畿内者,殊失实也。(此稿既成,检杨氏守敬《春秋列国图》,图西犬邱于汉陇西郡西县地,其意正与余合。)

《史记》于《始皇本纪论赞》后复叙秦世系、都邑、陵墓所在，其言与《秦本纪》相出入；所纪秦先公谥号及在位年数，亦与《本纪》及《六国表》不同，盖太史公别记所闻见之异辞，未必后人羼入也。其中云"肃灵公（即《秦本纪》之灵公。）居泾阳。"为《秦本纪》及《六国表》所未及。泾阳一地，注家无说，余曩作《猃狁考》，曾据此及泾阳君、高陵君之封，以证《诗·六月》之泾阳非汉安定郡之泾阳县。今更证之，考春秋之季，秦、晋不交兵者垂百年。两国间地在北方者，颇为诸戎蚕食。至秦厉共公十六年，始堑河旁，以兵二万伐大荔，取其王城，则今之陕西同州府大荔县也。二十一年始县频阳，则今之蒲城、同官二县间地也。至灵公六年，晋城少梁，秦击之。（《六国表》作"七年，与魏战少梁。"）十三年城藉姑，皆今之韩城县地。然则厉共公以后，秦方东略，灵公之时，又拓地于东北，与三晋争霸，故自雍东徙泾阳。泾阳者，当在泾水之委，今之泾阳县地。决非汉安定郡之泾阳也。且此时义渠方强，绵诸未灭，安定之泾阳与秦，中隔诸戎，势不得为秦有。即令秦于西北有斗入之地，而东略之世，决无反徙西北之理。厥后灵公子献公徙治栎阳，栎阳在今高陵县境，西距泾水入渭之处不远，则泾阳自当在高陵之西，今泾阳之境矣。余说详《猃狁考》中，然则有周一代，秦之都邑分三处，与宗周、春秋、战国三期相当，曰西垂，曰犬邱，曰秦，其地皆在陇坻以西，此宗周之世秦之本国也。曰汧渭之会，曰平阳，曰雍，皆在汉右扶风境，此周室东迁、秦得岐西地后之都邑也。曰泾阳，曰栎阳，曰咸阳，皆在泾渭下游，此战国以后秦东略时之都邑也。观其都邑，而其国势从可知矣。

又案:《秦本纪》，于献公即位前说"秦以往者数易君，君臣乖乱，故晋复强，夺河西地。"孝公元年，下令国中，亦曰"会往者厉、躁、简公、出子之不宁，国家内忧，未遑外事，三晋攻夺我先君河西地，诸国卑秦，丑莫大焉。献公即位，镇抚边疆，徙治栎阳，且欲东伐"云云。似灵公之世，国势颇蹙，又未尝东徙。《秦始皇本纪》后虽云"灵公居泾阳"，然于其陵墓，则云"葬悼公西，"悼公葬雍，则灵公亦葬雍。厥后，简公、出子亦葬于雍，是灵公虽居泾阳，未尝定都也。然以其经营东北观之，则其居泾阳之事，殆无可疑。河西之失，亦非尽事实。《本纪》书简公六年"堑洛城重泉"，而灵公之子献公未立时亦居河西，则河西仍为秦有，不过疆埸之事，一彼一此，时有之耳。孝公下令，欲激发国人，故张大其辞，观《本纪》《六国表》所纪灵公时事可知矣。

浙江考

浙江之名，始见于《山海经》《史记》《汉书》《越绝书》《吴越春秋》诸书，而《汉书·地理志》及《水经》皆有"渐江水"，无"浙江水"。

《说文解字》于"江沱"二字下出"浙"字,曰"江水至会稽山阴入海为浙江",其后又出"渐"字曰"渐水出丹阳黟南蛮中东入海"。乾嘉以来言水地者,率祖《说文》之说,分浙、渐为二水,以今之钱唐江当渐水,以《汉志》之分江水或南江当浙水,是惑于班、许、《水经》之言,而不悟先秦、西汉之所谓浙江,固指今之钱唐江也。《海内东经》之说出汉人手,姑置勿论,试以《史记》定之。《史记》"浙江"凡六见,《秦始皇本纪》:"过丹阳至钱唐,临浙江,水波恶,乃西百二十里从狭中渡。"《项羽本纪》:"秦始皇帝游会稽,渡浙江。"若谓此浙江即分江水,则自丹阳至钱唐,当先渡浙江,不得云"至钱唐临浙江"也。若以浙江为《汉志》之南江,则自钱唐至山阴,不须渡浙江,又钱唐之西百二十里不得复有浙江也。则《本纪》之浙江,正谓钱唐江也。其言水波恶,亦惟钱唐江为然。又《高祖功臣侯表》"堂邑侯陈婴"下云:"定豫章、浙江,都折。"(《汉书·侯表》作都渐。)"费侯陈贺"下云:"定会稽、浙江、湖阳。"(《汉表》作湖陵。)盖汉之定江南也,陈婴之兵自豫章至浙江之上游,定太末、黟、歙诸县;陈贺之兵自会稽时会稽郡治吴。至浙江之下游,定钱唐、余暨、山阴诸县。陈婴所都之地,《史记》作"折",《汉书》作"渐",盖即《汉志》《说文》《水经》所谓蛮夷中地,非以水名地。即以地名水,尤"浙"、"渐"为一之明证矣。湖阳,《汉表》作湖陵,即《越绝书》及《吴志·孙静传》之固陵。即今西兴。固陵之为湖陵,犹"姑孰"之为"湖孰"矣。《越绝书》言"浙江西路固陵城者,范蠡敦兵城也",其陵固可守,谓之固陵。汉初为楚守者,盖亦据此城以拒汉。故陈贺定浙江后,即至湖陵,则《侯表》中之浙江,亦谓今之钱唐江也。《越王勾践世家》:"楚尽取故吴地,至浙江北。"《货殖传》"浙江南则越",即《论衡》所谓"余暨以南属越,钱唐以北属吴",钱唐之江,两国界也。是实战国以后楚、越之界与春秋吴、越之界未必相合,而以山川大势分之,最为易晓,故移以言吴越之界。是《世家》《列传》中之浙江,亦谓今之钱唐江也。史迁亲上会稽,吴、越诸水,皆所经历,所记不容有误。且始皇经行,皆有记注,彻侯功伐,亦书故府,其言当有所本。是秦汉之间,已以今钱唐江为浙江,不自《史记》始。厥后袁康、赵晔、王充、朱育、韦昭等,凡南人所云浙江,无不与《史记》合。许叔重之说,自不能无误,乾嘉诸儒过信其说,不复质之古书,是末师而非往古,重传说而轻目验,吾不能从之矣。

西胡考 上

汉人谓西域诸国为西胡,本对匈奴与东胡言之。《海外东经》云"西胡白玉山在大夏东",又云"昆仑山在西胡西",白玉山及昆仑山,即今之喀喇昆仑。是前汉人谓葱岭以东之国曰西胡也。(《山海经》此篇中多汉郡县名,是汉人所附益。然在建平元年刘歆所进十三篇中,是犹出前汉人手也)《说文解字》玉部:"琅,石之有光者","璧,琅也。出西胡中。"又邑部:"鄯善,西胡国也。"又系部:"罽,西胡毪布也。"鄯善在葱岭东;毪布,葱岭东西皆产之;璧琅则专出葱岭以西月氏、罽宾、大秦诸国,是后汉人于葱岭东西诸国,皆谓之西胡也。魏晋六朝犹袭此名,《后汉书·西域传赞》云:"逖矣西胡,天之奥区。"《宋云行记》云:"鄯善城主,是吐谷浑第二息,宁西将军统部落三千以御西胡。"又云:"惠生在乌场国二年。西胡风俗,大同小异,不能具录。"是南北朝人亦并谓葱岭东西诸国为西胡也。西胡亦单呼为胡,《汉书·西域传》:"西夜与胡,异其种类,氐羌行国,逐水草往来。"是其所谓胡,乃指西域城郭诸国,非谓游牧之匈奴。后汉以降,匈奴浸微,西域诸国,遂专是号。罗布泊畔所出之魏晋间木简,所云"胡浮寉"、"胡犁支"者,皆西域人名。而鄯善、龟兹所产铁谓之"胡铁"、所作舀头金谓之"胡臿金"。又魏晋以来,凡草木之名冠以"胡"字者,其实皆西域物也。六朝以后,史传释典所用"胡"字,皆不以之斥北狄,而以之斥西戎。释道宣《释迦方志》所谓"此土",又指西蕃,例为胡国者也。隋僧彦琮始分别胡、梵,(《续高僧传一》。)唐人皆祖其说。(道宣《释迦方志》、智广《悉昙字记》、慧琳《一切经音义》皆然。)然除印度外,凡西域诸国皆谓之胡。玄奘《大唐西域记》又由其文字分胡为三种:其于葱岭以东诸国,但云"文字语言取则印度"而已,不别为之立名；至葱岭以西，分为二种，一曰"窣利"，自素叶水城以西至羯霜那，（火国。）地名窣利，人亦谓焉，文字语言即随称矣，字源简略，本二十余言，转而相生，其流浸广，粗有书记，竖读其文，递相传授，师资无替；二曰"睹货逻"，此铁门以南、雪山以北之地，分为二十七国，语言去就，稍异诸国，字源二十五言，转而相生，用之备物，书以横读，自左而右，文记浸多，逾广窣利。此外如梵衍那、迦毕试、尸弃尼、商弥等国，皆云"文字同睹货逻国，语言稍异"，则亦睹货逻之一支。案：奘师此言，盖本印度旧说。《大智度论》二十五。谓"敝生处者，安陀罗、舍婆罗、（原注裸国也。）兜佉罗、（原注小月氏。）修利、安息、大秦等。"考安陀罗即《西域记》之案达罗国，与裸国俱在印度之南，安息、大秦在印度之西，则兜佉罗、修利当在印度之北。兜佉罗即睹货逻，修利即窣利，审矣。唐僧利言梵语杂名，胡之梵言，形为Suli，声曰苏哩。苏哩亦即窣利，但利言专以苏哩为胡，玄奘则但以窣利为胡之一种，故又云"自黑岭以来并为胡俗"，则葱岭东西与妫水南北，虽非窣利，仍是胡国。《慧超行记》与慧琳《西域记音义》所说略同。道宣《释迦方志》并谓"雪山以西至于西海，名宝主也，偏饶异珍，而轻礼重货，是为胡国"。则波斯、大秦亦入其中，故西域诸国，自六朝人言之，则梵亦为胡，自唐人言之，则除梵皆胡，断可识矣。是故以形貌言，则《汉书》言："自宛以西至安息国，其人皆深目多须髯"，《北史》言："自高昌以西，诸国人等皆深目高鼻",又言:"康国人深目高鼻,多须髯"。颜师古《汉书注》言:"乌孙人青眼赤须。"《西域记》及《唐书》皆言"疏勒、护蜜人并碧瞳",均与波斯、大秦人相似。以言语言,则《汉书》言"自宛以西至安息国,虽颇异言,然大同,自相晓知也。"又近日西人于新疆南北路发现三种古文字:一粟特语,二睹货逻语,三东伊兰语。睹货逻语与玄奘所称名同,粟特当玄奘之所谓"窣利",东伊兰语则当其所谓葱岭以东诸国语也。三者皆属阿利安语系,与印度、波斯、大秦语族类相同。而粟特语与东伊兰语,尤与波斯语近。以风俗言,则《汉书》言"自宛以西至安息国,其人善贾市,争分铢,贵女子。"《西域记》言:"宝主之乡,无礼义,重财贿,短制左衽,断发长髭。有城郭之居,务货殖之利。"又言:"黑岭以来,莫非胡俗,大率土著,建城郭,务田畜。性重财贿,俗。轻仁义,嫁娶无礼,尊卑无次。妇言是用,男位居下,吉乃素服,凶则皂衣。"亦与大秦、波斯俗尚略同。是故,言乎称号,则同被胡名;言乎形貌、言语、风俗,则虽有小异,无害大同。于是此种胡人种族之疑问起,即此种胡人果从东方往,抑从西方来之疑问是也。

西胡考 下

　　自来西域之地，凡征伐者自东往，贸易者自西来，此事实也。太古之事不可知，若有史以来，侵入西域者，惟古之希腊、大食。近世之俄罗斯来自西土，其余若乌孙之徙、塞种之徙、大夏之徙、大月氏之徙、匈奴之徙、嚈哒之徙、九姓昭武之徙、突厥之徙、回鹘之徙、蒙古之徙，莫不自东而西，即如玄奘所称窣利、睹货逻二种，亦有西徙之迹。玄奘谓："自素叶水城以西至羯霜那，地名窣利。"是利窣之地，东尽康居故境，西尽九姓昭武之地。诸国之中，康为宗国。《北史》谓："康本康居之后"，又谓："其王本月氏人，旧居祁连山北昭武城，因被匈奴所破，西逾葱岭，遂有国。"支庶各分王，故康国左右诸国，并以昭武为姓，其称"九姓昭武"，亦如三姓葛禄、九姓回鹘、十姓突厥、卅姓突厥、卌姓拔悉蜜，为北方游牧人种之名称。是窣利之人本出东方，文字竖读，尤近汉法。至睹货逻，则西徙之迹尤历历可指。考睹货逻之名，源出大夏。（嘉兴沈乙庵先生并西人马括德等，并创是说。）大夏本东方古国，《逸周书·王会解》云："禺氏騊駼，大夏兹白牛，犬戎文马。"又《伊尹献令》云："正北空桐大夏。"空桐与禺氏、（即月氏。）

犬戎，皆在近塞。则大夏一国，明非远夷。《史记·封禅书》云："齐桓公西伐大夏，涉流沙。"此本《管子》佚文。《吕氏春秋·古乐》篇："伶伦自大夏之西，乃至阮隃之阴。"《汉书·律历志》《说苑·修文》篇、《风俗通·音声》篇同纪此事，"阮隃"皆作"昆仑"，昆之为阮，声之近；《说文》𨸏部："阮，读若昆。"仑之为隃，字之误也。综此二说，则大夏当在流沙之内，昆仑之东，较周初王会时已稍西徙。《穆天子传》云："自宗周瀍水以西，至于河宗之邦，阳纡之山，三千又四百里。自阳纡西至于西夏氏，二千又五百里。自西夏至于珠余氏及河首，千又五百里。自河首襄山以西，南至于春山珠泽昆仑之邱，七百里。"是西夏氏西距昆仑二千又二百里，与《管子》《吕览》所记大夏地望正合。惟《海外东经》云："国在流沙外者，大夏竖沙居繇月支之国。"又云："西胡白玉山在大夏东"，与周秦间故书不合。此出汉通西域后所附益，非其本文矣。《大唐西域记》（十二。）云："于阗国尼壤城东四百余里，至睹货逻故国，国久空旷，城皆荒芜。"案：于阗国姓，实为尉迟，而画家之尉迟乙僧，张彦远《历代名画记》云"于阗人"，朱景元《唐朝名画录》云"吐火罗人"，二者皆唐人所记，是于阗与吐火罗本同族，亦吐火罗人曾居于阗之证。又今和阗以东大沙碛，《唐书》谓之"图伦碛"，（《唐书·西域·吐谷浑传》：李靖等军且末之西，伏允走图伦碛，将托于阗。是图伦碛在且末于阗间。）今谓之"塔哈尔马干碛"，皆"睹货逻碛"之讹变。是睹货逻故国在且末、于阗间，与周秦间书所记大夏地位,若合符节。《唐书·西域传》云"大夏即吐火罗",其言信矣。大夏之国,自西逾葱岭后,即以音行,除《史记》《汉书》尚仍其故号外,《后汉书》谓之"兜勒",(《和帝纪》及《西域传序》。)六朝译经者谓之"兜佉勒"、(《婆沙论》卷九:世尊极知兜佉勒语胜生兜佉勒中者。)"兜佉罗",(《大智度论》卷二十五,见上。)《魏书》谓之"吐呼罗",《隋书》以下谓之"吐火罗",《西域记》谓之"睹货逻",皆大夏之对音。其徙葱岭以西,盖秦汉间之事。希腊地理学家斯德拉仆所著书,记西历纪元前百五十年时,睹货逻等四蛮族侵入希腊人所建之拔底延王国,是大夏之入妫水流域,前乎大月氏者仅二十年。故大夏居妫水南,而大月氏居其北,此其侵略先后之次序也。此事,中国、印度、希腊古籍全相符合,则睹货逻一族与月氏同出东方可断言矣。窣利、睹货逻既同出东方,则其同语系之种族,若印度、若波斯、若大秦,当无一不出自东方。特其迁徙,当远在有史以前。此前说之结论必归于是,又与民族西徙之事实相符合也。虽然,侵略者自东往,贸易者自西来,二者皆史实也。凡西徙之种族,于其所征服之国,不过得其政权及兵权,而自成统治者之一级,其时人民之生活仍如故也。《慧超行传》于西域诸国屡言土人是胡,王是突厥;或言土人是胡,王及兵马并是突厥。凡东方民族侵入西域者,殆无不然。且西域人民以国居东西之冲,数被侵略,亦遂专心职业,不复措意政治之事,是故希腊来则臣希腊,大夏、月氏来则臣大夏、月氏，嚈哒来则臣嚈哒，九姓昭武来则臣九姓昭武，突厥来则臣突厥，大食来则臣大食，虽屡易其主，而人民之营其生活也如故。当时统治者与被治者间，言语风俗，固自不同，而统治一级，人数较少，或武力虽优而文化较劣，狎居既久，往往与被治者相融合，故此土之言语风俗，非统治者之言语风俗，实被治者之言语风俗也。世或以统治者之名呼其种族及言语，如大月氏人、睹货逻语之类，盖非尽当。考古书所载，此土人民，本与波斯、大秦同是一族。《汉书》言："自宛以西至安息国，虽颇异言，然大同，自相晓知也。其人皆深目多须髯，善贾市，争分铢，贵女子。女子所言，丈夫乃决正。"是其形貌、言语、风俗本同西方。自汉讫唐，蝉嫣未变。《北史》言："康国人善商贾，粟特人多诣凉土贩货,大月氏人商贩京师。"《唐书》言："康国人好利，丈夫年二十去旁国，利所在，无不至。"玄奘、慧超所记胡俗，无不同贯。又《西域记》于素叶水城及怛罗斯城，皆云"各国商胡杂居，于飒秣建及迦毕试国"，云"异方奇货，皆聚此国"。是大食未兴以前，东西贸易，悉在此种胡人之手。故自汉以来，人民颇复东向。《北史》言"高昌以西诸国人等，皆深目高鼻'。是汉时此族，以大宛为东界者，至南北朝已越葱岭，而以高昌为其东界。虽此种人民或于有史以前本居东土，然于有史以后自西徂东，亦为事实。故高昌以西，语言、文字与波斯、大秦同属一系，汉魏以来，总呼为"胡"，深合事理。然则论西胡之事，当分别统治者与被治者二级观之，否则鲜不窒阂矣。

西胡续考

自《汉书·西域传》言:"自宛以西至安息,其人皆深目多须髯。"后世所记胡人容貌,如《世说新语》六。记康僧渊,《太平广记》(二百四十八。)引《启颜录》记隋三藏法师,又(四百三十五。)引《朝野佥载》记宋蔡事,无不如是。《北史·于阗传》言"自高昌以西诸国人等,皆深目高鼻,惟此一国,(于阗。)貌不甚胡。"《唐书·突厥传》言:"颉利族人思摩,以貌似胡,疑非阿史那种,故但为夹毕特勒而不得为设。"是胡之容貌,显与他种不同,而其不同之处,则"深目多须"四字尽之。隋唐以来,凡非胡人而貌类是者,亦谓之"胡"。刘宾客《嘉话录》言"杨国忠知吏部铨,呼选人名,引入于中庭,不问资序,短小者通道参军,胡者云湖州文学。"李匡乂《资暇录》(下。)云"俗怖小儿曰'麻胡来',不知其源者,以为多髯之神。"李商隐《骄儿诗》:或谑张飞胡,或嘲邓艾吃。《东观奏记》上。"宣宗问宰臣白敏中曰:'有一山陵使,胡而长,其人姓氏为谁?'敏中奏:'景陵山陵使令狐楚。'"《侯鲭录》:(四。)"王晋卿尝过巩、洛间,道旁有后唐庄宗庙,默念始治终乱。意斯人必胡。及观神象,两眼外皆髭也。"是中国人貌类胡人者,皆呼之曰"胡",

亦曰"胡子"。此名当六朝时本施之胡人。《艺文类聚》（三十五。）载："梁简文帝谢安吉公主，饷胡子一头，启云：'方言异俗，极有可观。山高水远，宛在其貌。'"即用《世说》所载康僧渊事。盖谓真胡人。至唐，而中国人貌类是者，亦谓之胡子。《太平广记》二百四十五。引《御史台记》云："邵景、萧嵩俱授朝散大夫，二人状貌类胡，景鼻高而嵩须多，同时服朱绂，对立于庭。韦铿《帝中独窥》而咏曰：'一双胡子著绯袍，一个须多一鼻高。'"云云。又《云溪友议》载唐陆岩梦《桂州筵上赠胡子女诗》云："自道风流不可攀，那堪蹙额更颓颜。眼睛深却湘江水，鼻孔高于华岳山。"是自唐以来皆呼多须或深目高鼻者为胡或胡子。此二语至今犹存，世人呼须及多须之人皆曰胡子。俗又制"髭"字以代之。《北梦琐言》七。载蔡押衙诗云："可怜洞庭湖，却到三冬无髭须。"以其不成湖也。是唐人已谓须为胡，岂知此语之源，本出于西域胡人之状貌乎？且深目多须，不独西胡为然，古代专有胡名之匈奴，疑亦如是。两汉人书虽无记匈奴形貌者，然晋时胡羯，皆南匈奴之裔。《晋书·石季龙载记》云："太子詹事孙珍问侍中崔约曰：'吾患目疾，何方疗之？'约素狎珍，戏之曰：'溺中可愈。'珍曰：'目何可溺？'约曰：'卿目睕睕，正耐溺中。'珍恨之，以告石宣。宣诸子中最胡状，目深，闻之大怒，诛约父子。"又云："冉闵躬率赵人诛诸胡羯，无贵贱、男女、少长皆斩之，死者二十余万。屯据四方者，所在承闵书诛之，于是高鼻多须至有滥死者。"《安禄山事迹》（下。）

云："高鞫仁令范阳城中，杀胡者重赏。于是羯胡尽死，小儿掷于空中，以戈承之。高鼻类胡而滥死者甚众。"事亦相类。夫安史之众，素号杂胡，自兼有突厥、奚、契丹诸部。晋之羯胡，则明明匈奴别部，而其状高鼻多须，与西胡无异，则古之匈奴，盖可识矣。自后汉以来，匈奴寖微，而东胡中之鲜卑起而代之，尽有其故地。自是讫于蠕蠕之亡，主北垂者，皆鲜卑同族也。后魏之末，高车、突厥代兴，亦与匈奴异种，独西域人民与匈奴形貌相似，故匈奴失国之后，此种人遂专有胡名。顾当时所以独名为胡者，实因形貌相同之故，观《晋书》载记之所记，殆非偶然矣。

汉郡考

班孟坚志汉地理毕而总结之曰："本秦京师为内史，分天下作三十六郡。汉兴，以其郡太大，稍复开置，又立诸侯王国。武帝开广三边，故自高祖增二十六，文景各六，武帝二十八，昭帝一，讫于孝平，凡郡国一百二。"《志》中各郡下，又分注其沿革。其称"高帝置"者二十：曰河内、曰汝南、曰江夏、曰魏郡、曰常山、曰清河、曰涿郡、曰渤海、曰平原、曰千乘、曰泰山、曰东莱、曰东海、曰豫章、曰桂阳、曰武陵、曰广汉、曰定襄、曰楚国、曰淮阳国。其称"高帝时为某郡"者三：京兆尹，曰高帝二年为渭南郡；左冯中山国，曰高帝郡；广阳国，曰高帝燕国。称"故郡"者一：丹阳郡，曰故鄣郡。计为郡二十三，为国三，合于后序增二十六之数，而后之祖述其说者，亦小有异同。《续汉书·郡国志》举信都而无武陵，《晋书·地理志》举梁国而无鄣郡，钱氏大昕举内史、胶东、衡山而无渭南、河上、中地三郡，皆求以足《汉志》二十六之数。其是非暂置无论，要皆以班氏之说为信而不可易也。岂独此数家而已？自来读《汉书》者，殆无不以班氏之说为信而不可易也。自余考之，则上所举二十六郡国，其真为高帝置者，曾不及三分之一，而世人莫之察焉，是可异已。诸郡中可确证为高帝置者，惟河内郡见于《史记·汉兴以来诸侯王年表序》，清河、常山二郡，见于《樊哙传》；豫章郡，见于《黥布传》；余如汝南、魏郡、中山已不足征，至江夏、涿郡、渤海、平原、千乘、泰山、东莱、桂阳、武陵、定襄十郡，尤可证其非高帝所置。江夏属县，半为衡山故郡，吴芮之王衡山，实都邾县。及芮徙长沙，而衡山为淮南别郡，英布、刘长迭有其地。至文帝分王淮南三子，而衡山复为一国。武帝初，伍被为淮南王画策云："南收衡山以击庐江，有寻阳之船，守下雉之城，结九江之浦，绝豫章之口。"寻阳为庐江属县，则下雉此时亦当属衡山。此四语者，实分指庐江、衡山、九江、豫章四郡，皆厉王时故地也。又云"强弩临江而守，以禁南郡之下"，则淮南所虑，仅汉南郡之兵。不言江夏。武帝之初,似尚无江夏郡。逮元狩元年,衡山国除,次年于其地置六安国,仅得衡山五县、江夏十四县、当以衡山余县及南郡东边数县置之;则高帝时不得有江夏郡也。前《秦郡考》言秦于燕之故都当置一郡,其地有《汉志》之广阳国四县及涿郡、渤海二郡之半,汉初置燕国,当仍其旧。而涿郡之地,介居《汉志》之广阳、河间二国间,中叶以后,广阳、河间各得四县,故中间得有涿郡之二十九县。若高帝时,燕之内史与赵之河间郡,决非迫隘如此,则已无置郡之余地。故《史记·郦商传》:"商破燕王藏荼军,食邑涿五千户,号曰'涿侯'。至高帝十二年,以破英布功,改封曲周。"若当时已置涿郡,决无以郡治为侯国之理。是岁卢绾称乱,子建受封,燕地未平,而高皇晏驾,其于疆域,当无变革。是高帝时不得有涿郡、渤海二郡也。平原、千乘二郡;汉初为齐悼惠王封域,而平原实齐济北郡之地,景、武以后,济北国境反居济水之南,其在汉初,实跨济水南北。《史记·曹相国世家》云"还定济北郡,攻著、漯阴、平原、鬲、卢。"著于《汉志》为济南县,卢为泰山县,(文帝后济北王所都。)漯阴、平原、鬲皆平原属县,故徐广云:"济北分平原、太山二郡。"高帝时,齐既有济北郡,则不得有平原郡也。《史记·诸侯王表》,文帝十五年,分齐为胶西国,都苑。"徐广曰:"乐安有苑县。"按《汉志》,齐地无苑县,据《水经·瓠子河注》所引,则作"高苑"。高苑,千乘县也。案:《史记·功臣侯表》有"高苑侯丙倩,高祖六年封,武帝建元三年国除。"胶西之都,似不应与侯国同处。然

《水经注》实有东西二高苑,其所谓"东高苑城"者,胶西之都也;所谓"西高苑城"者,丙倩之邑也。东高苑城以今地望准之,当在乐安高苑之间,是汉初千乘之地属于胶西,不得有千乘郡也。《封禅书》云"济北王以为天子且封禅,乃上书献泰山及其旁邑。天子以他县偿之。"则泰山郡之置在武帝时,非高帝所置也。东莱一郡,处胶东、胶西之北,《汉志》之胶东国仅得八县,高密国(本胶西国。)仅得五县,故其北得置十七县之东莱郡。汉初,胶西实有千乘之地,《史记·吴王濞传》言"胶西王卬以卖爵事有奸,削其六县。"《汉书·胶西于王端传》亦言"有司比再请削,其国去太半。"则高密国五县,当因胶西既削之余,胶东八县,恐亦非汉初旧域。东莱一郡,当置于二国削地后,非高帝所置也。故《汉书·高帝纪》云"以胶东、胶西、临淄、济北、博阳、城阳郡,立子肥为齐王。"《史记·齐悼惠王世家》数文帝时齐国别郡,亦但举济北、济南、菑川、胶西、胶东、城阳,而无平原、千乘、泰山、东莱四郡,则高帝时无此四郡也。武陵、桂阳二郡之地,高帝时为长沙国南境,故文帝赐赵佗书曰:"前日闻王发兵于边,为寇灾不止。当其时,长沙苦之,南郡尤甚。"又曰:"朕欲定地犬牙相入者,以问吏,吏曰:'此高皇帝所以介长沙土也。'朕不得擅变焉"。则长沙与南越之间,汉不得置郡;且长沙在文帝时不过二万五千户;势不能分置三郡。则武陵、桂阳二郡,非高帝所置也。定襄一郡,若为高帝所置,则其时当属代国。案:高帝封兄仲于代,王云中、代、雁门三郡；后封子恒，王太原、代、雁门三郡，皆无定襄。《史记》举汉郡，亦但计云中以西，而定襄则在其东。则定襄非高帝郡也。此外，如东海本秦郯郡，淮阳本秦陈郡，燕之国都亦秦之一郡，而史失其名。则高帝所置之郡，其余几何？又《汉志》所举秦郡，当高帝时，南海、桂林、象郡入于南越，闽中入于闽越，九原入于匈奴，（《汉志》五原郡注：秦九原郡，武帝元朔二年更名，若汉初尚有是郡者。然《武帝纪》云：元朔二年，收河南地，置朔方、五原郡，则此郡实武帝所开。又《史记·匈奴传》：匈奴收蒙恬所夺地与汉关故河南塞，至朝那、肤施，事在楚汉之际。则九原之没久矣。）黔中一郡，亦废于楚汉之际，则高帝时之郡数，又得几何？即令《汉志》二十余郡悉为高帝所置，则汝南当属淮阳，常山、清河、中山属赵，涿郡、渤海属燕，平原、千乘、泰山、东莱属齐，东海属楚，豫章属淮南，鄣郡属吴，桂阳、武陵属长沙，定襄属代，其得为汉郡者，不过江夏、魏郡、广汉三郡，而此三郡亦无所征。故谓此二十余郡为高帝所置，其误犹小；若直以孝平时之疆域为汉初之疆域，而谓此二十余郡者悉为天子所有，则全不合当时事实也。然但据《汉志》以为说，则此误必不能免，（钱氏大昕谓高帝置郡二十六，其十之八皆属于王国，此说极是。他人未有明言之者。）此则不可以不辨也。善夫太史公之言曰："汉初，内地自山以东，尽诸侯地。汉独有三河、东郡、颖川、南阳，自江陵以西至蜀北，自云中至陇西，与内史凡十五郡。"此十五郡者，河东一，河内二，河南三，所谓三河也；东郡四，颍川五，南阳六；自江陵以西至蜀，则南郡七，巴郡八，蜀郡九；北自云中至陇西，则云中十，上郡十一，北地十二，陇西十三，而自山以西，尚有上党；巴蜀之北，尚有汉中；共十五郡。加内史为十六。此高帝五年初定天下时之郡数也。六年，以云中属代，则并内史得十五郡；至十一年，复置云中，而罢东郡以益梁，罢颍川郡以益淮阳，则并内史为十四郡。史公习闻十五郡之名，又习闻东郡、颍川之为汉郡，故既称与内史为十五，又并数东郡、颍川。虽云疏漏，然视班氏之误，则有间矣。由是言之，则高帝末年之郡，除王国支郡外，并内史，惟得十四而已；至于文、景之间，亦仅有二十四郡。故枚乘说吴王曰："夫汉并二十四郡，十七诸侯，其珍怪不如山东之府"。乘之说吴，在景帝三年吴王举兵之后，而十七诸侯则为文、景间之事。（《史记·诸侯王表》惟文帝后七年及景帝元年共十七国。）夫十七诸侯既数文、景间之诸侯，知二十四郡，亦数文、景间之郡也。乘于景帝三年说吴，何以不数三年之郡，而犹数元年以前之郡？曰：犹吾辈今日之言十八行省、二十二行省也。枚乘此书，刘奉世以其言齐赵事与史不合，疑为传者增之。然虽有增饰，而十七诸侯、二十四郡之数，不能凿空为之也。此二十四郡者，除高帝时十四郡外，则左内史一、右内史二、（《汉志》以分左右内史为武帝建元六年事，然《百官公卿表》纪景帝元年以晁错为左内史，则景帝初已分内史为三。又《景帝纪》中六年诏曰"三辅举不如法令者",诏文称三辅,不容有误,必《汉志》之误也。东郡三、《汉书·贾谊传》"请割淮阳北边二、三列城与东郡以益梁",则孝文之时,梁不得东郡。)颍川四、淮阳五、(淮阳王武于文帝十一年徙梁为郡。)琅琊六、(琅邪本齐别郡,文帝元年废琅邪国,以与齐。十五年,齐文王薨,分其地为齐、济南、济北、菑川、胶西、胶东六国,并城阳为七国。而琅邪不以封,其为汉郡,当在此时矣。)河间七。(河间哀王以文帝十五年薨,国除为郡。)益上十四郡为二十一郡;其余三郡,则当为汝南、魏郡、广汉。此文帝末年郡数也。而汉郡之增,实在孝景之世。元年削赵之常山郡,二年削楚之东海郡,三年削吴之会稽、鄣郡。是岁,七国反。既平其地,又以其余威削诸侯,于是始得平原、千乘、济南、北海、东莱之地于齐,得涿郡、渤海、上谷、渔阳、右北平、辽西、辽东之地于燕,得巨鹿、清河于赵,得太原、雁门于代,得沛郡于楚,(沛郡本秦泗水郡,至项羽都彭城后,徙治彭城,遂名彭城郡。汉初为元王交所都。景帝四年,封刘礼为楚王,续元王后,殆不尽与以彭城故地,沛郡之置,当在此时。观高帝十二年春,吴濞尚为沛侯,可知此时尚无沛郡。是岁复丰、沛二县,为天子汤沐邑,其他县城属楚国。《水经·获水注》谓"楚元王冢在萧县之同孝山",足证沛郡诸县多属楚国,或分属梁之砀郡。《史记》谓内地自山以东尽诸侯地,则汉初固不得有沛郡也。)得庐江、豫章于淮南,得武陵、桂阳于长沙,而诸侯地之以新封皇子者尚不与焉。故《史记·诸侯王年表序》言之曰："吴楚时，前后诸侯或以谪削地，是以燕、代无北边郡，吴、淮南、长沙无南边郡。齐、赵、梁、楚支郡，名山陂海，咸纳于汉。诸侯稍微"。此实善道当时之大势者也。至《汉志》所谓"高帝增二十六郡国，文、景各六"者，参以《史》《汉》纪传，无一相合，而自来未有理而董之者，此则余所大惑不解也。

汉兴，矫秦郡县之失，大启诸国。时去六国之亡未远，大抵因其故壤，专制千里，建国之大，古今所未有也。当汉初定天下，异姓诸王，各据其手定之地：韩信王楚，彭越王梁，张敖王赵，韩王信王韩，卢绾王燕，英布王淮南，吴芮王长沙。此诸王者，皆与高祖素等夷，又无骨肉之亲，外托君臣之名，而内有敌国之实。是时高帝之策，在建同姓以制异姓，故六年废楚王信，则分其地以王刘贾于荆，弟刘交于楚。又时齐、代无王，则王子肥于齐，王兄仲于代；而徙韩王信于太原，收颍川郡以通东方之道。明年，韩王信叛，而代王亦弃其国，则以代王爱子如意。九年，废赵王张敖，则徙代王于赵，而益以代地，使陈豨以赵相国守之。明年，陈豨反，则王子恒于代；彭越反，则王子恢于梁，子友于淮阳；英布反，则王子长于淮南，兄子濞于吴。又明年，卢绾反，则王子建于燕。当始封子弟时，惟恐其地之不广，力不能有所禁御也。及异姓渐尽，又虑诸子分地之不均也，故新置之国，率因其故。洎吴濞受封，始虑东南之乱，未及半载，而高祖遽崩。吕后以嫡母之尊，废梁、赵，割齐、楚，以王张、吕，宫车朝驾，而临淄之兵夕起矣。文帝之世，亦第稍分齐、赵以众建其子弟，惟梁、代无王，则王子参于代、子武于梁，以控制东诸侯。其所用亦高帝遗策。所异者，高以同姓制异姓，文以亲制疏而已。孝景嗣位，始大削吴、楚、赵，而七国之乱随之。既平七国，因以余威宰制诸侯，其分王诸子，亦不过一郡之地。昭宣以降，王国益微。及孝平元始中，诸侯大者十余城，小者三、四县，比汉初王国，或不能得其十分之一。变置既亟，作史者但据后世版籍，略纪沿革而已。故但据《汉志》之文以求汉初诸侯之疆域，则其大小广狭，不能与实际同日而语。今考汉初诸国之地，则大者七八郡，小者二三郡；而后世所置之郡，尚不计焉。举其目，则属齐者八：曰临淄、曰菑川、曰济南、曰济北、曰胶西、曰胶东、曰琅邪、曰城阳。(《汉书·高帝纪》："以胶东、胶西、临淄、济北、博阳、城阳郡七十三城立子肥为齐王。"《史记·齐悼惠王世家》："文帝十六年，齐孝王将闾以悼惠王子扬虚侯为齐王，故齐别郡尽以王悼惠王子，子志为济北王，子辟光为济南王，子贤为菑川王，子卬为胶西王，子雄渠为胶东王，与城阳、齐，凡七王，"皆不数琅邪。然《悼惠王世家》云："哀王八年，高后割齐琅邪郡立营陵侯刘泽为琅邪王，"又云："孝文帝元年，尽以高后时所割齐之城阳、琅邪、济南郡复与齐，"则汉初齐固得琅邪郡。至文帝十五年，齐文王薨，无后。其明年，文帝分齐为六，尽王悼惠王诸子，独琅邪不以封，殆于此时入汉也。)属燕者六：曰□□、曰上谷、曰渔阳、曰右北平、曰辽西、曰辽东。

（案：燕国都所治之郡，史失其名，武帝元朔元年，燕王定国自杀，国除为郡，则名燕都。《汉书·徐乐传》称："乐、燕郡无终人是也。"无终，《汉志》属右北平，此时当属燕郡。若以右北平为燕别都，故曰燕郡，则景帝时右北平已属汉矣。至上谷五郡属燕，史虽无明文，然司马迁称诸侯地皆外接于胡越，景帝后，燕、代无北边郡，吴、淮南、长沙无南边郡，则景帝以前燕、代诸国各有边郡矣，下代、吴诸国仿此。）属赵者六：曰邯郸、曰巨鹿、曰常山、曰清河、曰河间、曰中山，中间益郡三：曰代、曰雁门、曰云中，（赵国诸郡，史无明文，以史迁云内地自山以东尽诸侯地知之。）属代者三：曰太原、曰代、曰雁门，（《汉书·高帝纪》：六年，以云中、雁门、代郡五十三县立兄宜信侯喜为代王。十一年，诏曰："代地居常山之北，与夷狄邻。赵乃从山南有之，远，数有胡寇，难以为国。颇取山南太原之地益属代。代之云中，以西为云中郡，则代受边寇益少矣。"是文帝王代时，已以太原易云中也。）属梁者二：曰砀郡、曰定陶，中间益郡一：曰东郡；属淮阳者，曰陈郡、曰汝南，中间益郡一：曰颍川，（《高帝纪》：十一年立子恢为梁王，子友为淮阳王，罢东郡，颇益梁，罢颍川郡，颇益淮阳。）属楚者三：曰彭城、曰东海、曰薛郡，（《汉书·高帝纪》以砀郡、薛郡、郯郡三十六县立弟文信君交为楚王，郯郡即东海，砀郡乃彭城之误。楚元王云："王薛郡、东海、彭城三十六县"是也。）属吴者三：曰广陵、曰会稽、曰鄣郡（《高帝纪》以东阳、鄣郡、吴郡三十三县立刘贾为荆王。及英布反,并荆地,吴王濞之封,实因故荆国境。东阳与广陵实为一郡,初治东阳,故名东阳。及吴濞乃都广陵。《本传》云"吴王起兵于广陵"是也。后广陵国转小,汉乃于其北置临淮郡耳。)属淮南者四:曰九江、曰庐江、曰衡山、曰豫章(《史记·黥布传》:布遂剖符为淮南王,都六,九江、庐江、衡山、豫章皆属布,后厉王王淮南,亦仍其封域。)属长沙者一:曰长沙。故高帝时诸侯之郡凡三十有九,而诸郡之广狭,又当与《汉志》绝异。《汉志》齐郡(即临淄。)十二县,菑川三县,高密(即胶西。)五县,胶东八县,城阳、广阳(即燕□□郡。)赵国(即邯郸。)河间各四县,梁国(即砀郡。)八县、淮阳(即陈郡。)九县,楚国(即彭城。)七县,鲁国(即薛郡。)六县,广陵四县,六安(即衡山。)五县,皆非汉初郡域。以理度之,则《汉志》北海之二十六县,实得临淄、菑川之县,平原县十九,千乘县十五,济南县十四;泰山县二十四,实分齐之济南济北、楚之薛郡之县;东莱县十七,实得胶西、胶东之县;琅邪县五十一,实得城阳之县,涿郡县二十九;渤海县二十六,实得广阳、河间之县,广平县十六,实得邯郸之县,沛郡、汝南县各二十七,一得砀郡、彭城之县,一得陈郡之县;临淮县二十九,实得彭城、广陵之县,江夏县十二,实得衡山之县。故汉初齐地,当得《汉志》之平原、千乘、济南、泰山、齐郡、北海、东莱、琅邪八郡及菑川、胶东、高密、城阳四国;燕地当得涿郡、渤海、上谷、渔阳、右北平、辽西、辽东七郡及广阳一国；赵地当得巨鹿、常山、清河三郡与魏郡之半及赵广平、真定、中山、信都、河间六国；梁地当得山阳、济阴二郡与沛郡之半及梁、东平二国；淮阳当得汝南一郡与淮阳国；楚当得东海一郡与沛郡、临淮之半及鲁、楚二国；吴当得会稽、丹阳二郡与临淮之半及广陵国；淮南当得庐江、九江、豫章三郡与江夏之半及六安国；长沙当得桂阳、武陵、零陵三郡及长沙国。此三十二郡与一十七国者，以元始中之郡国言之也。而班《志》于诸郡国下，其言"故厶国"，或"厶年为厶国"者，仅十三郡国，而不言"故厶国"者三十有六，使后之读史者，疑若自高帝时即为汉郡者，此所以不能不表而出之也。

魏石经考

魏石经考一

汉、魏石经，同立于大学，其时相接，其地又同，昔人所记，往往互误，故欲考魏石经之经数、石数，必自汉石经始矣。汉石经经数，据《后汉书·灵帝纪》《卢植传》《儒林传序》《宦者传》，皆云五经，《蔡邕传》《儒林传·张驯》下则云六经，《隋书·经籍志》云七经。其目，则《洛阳记》（《后汉书·蔡邕传》注引。）举《尚书》《周易》《公羊传》《礼记》《论语》五种，《洛阳伽蓝记》举《周易》《尚书》《公羊》《礼记》四种，《隋志》则有《周易》《尚书》《鲁诗》《仪礼》《春秋》《公羊传》《论语》七种，（据拓本。）宋时存《诗》《书》《仪礼》《公羊传》《论语》五种。（据残石。）此先儒所谓五、六、七经之不同，不可得而详者也。其石数，则《西征记》(《太平御览》卷五百八十九引。)云四十枚,《洛阳记》云四十六枚,《洛阳伽蓝记》云四十八碑,《水经注·谷水》篇复以四十八碑为魏三字石经;《北齐书·文宣帝纪》云五十二枚,此亦先儒所谓不可得而详者也。余谓欲知汉石经之经数石数,当以二者参伍定之。今用此法互相参校,则经数莫确于《隋志》,石数莫确于《洛阳记》。《记》云:"大学在洛城南开阳门外,讲堂长十丈,广二丈。堂前石经四部,本碑四十六枚,西行:《尚书》《周易》《公羊传》十六碑存,十二碑毁;南行:《礼记》十五碑悉崩坏,东行:《论语》三碑,二碑毁。《后汉书·蔡邕传》注引此,但云"洛阳记",而《光武纪》注引首三语,云"陆机《洛阳记》",则全文亦当为机语。然陆机时,汉石经当未崩毁,(《魏志·王肃传》注引《魏略》,黄初后,扫除大学之灰炭,补旧石经之缺坏。是汉石经虽经董卓之乱,已修补完具。自是讫晋初,洛阳初无兵火,自无崩坏之理。则所引疑非机书。考《隋志》载《洛阳记》四卷,无撰人姓名。《洛阳记》一卷,陆机撰《洛阳图》一卷,晋怀州刺史杨佺期撰。佺期曾为龙骧将军,《后书·儒林传》注引杨龙骧《洛阳记》,是佺期《图》之中亦有记称。《元和郡县图志》又引华延俊《洛阳记》,新旧两《唐书·志》,皆有戴延之《洛阳记》一卷。是《洛阳记》共有四、五种。)然其记碑之方位存毁,较《水经注》《洛阳伽蓝记》为详,固当在郦道元、杨衒之二书前矣。惟所记经数则不无舛误。《记》于西行二十八碑中失记《鲁诗》及《春秋》二经,又南行十五碑之《礼记》，实指《仪礼》言，皆得以诸经字数证之。汉石经，据传世宋拓本《尚书》《论语》，大率每行七十三、四字，因古本、今本字数不同，故不能决其每行若干字。他经当准之。又据《洛阳记》载《朱超石与兄书》："石经高丈许，广四尺"。则纵得七十余字者，横当得三十余字。今以一碑卅五行、行七十五字计，则每碑得二千六百二十五字。又汉魏石经皆表里刻字，则每碑得五千二百五十字，二十八碑当得十有四万七千字。而《洛阳记》谓"西行《尚书》《周易》《公羊传》十六碑存，十二碑毁"。似此二十八碑止书三经。今据唐石经字数，则《周易》二万四千四百三十七字，《尚书》二万七千一百三十四字。而汉石经无伪古文二十五篇并孔安国序，仅得一万八千六百五十字。又唐石经《公羊传》四万四千七百四十八字，汉石经《公羊传》无经文并何休序，仅得二万七千五百八十三字。三经共七万六百七十字，则十五碑已足容之，无须二十八碑。惟加以《诗》四万八百四十八字，（据《唐石经》，《毛诗》字数，《鲁诗》字数未必与毛同，然当不甚相远，他经放此。）《春秋经》一万六千五百七十二字，（据宋李焘《春秋古经后序》所计，癸亥季冬，雒阳新出汉石经《春秋》，僖公、昭公经，足证余说之不谬。）共十有二万八千又九十字，约需二十有六碑。而据《隶释》所载汉石经残字，则《鲁诗》每章之首与《公羊传》每年之首，皆空一格，又经后各有校记、题名，恐正需二十八碑。此西行二十八碑于《易》《书》《公羊传》外，当有

《诗》《春秋》二经之证也。《记》又云:"南行,《礼记》十五碑"。魏晋以前,亦以今之《仪礼》为《礼记》,郑君《诗·采蘩笺》引《少牢馈食礼》,郭璞《尔释传诂注》引《士相见礼》,《释言注》引《有司彻》,《释草注》引《丧服传》,(皆云《礼记》。)非指《小戴记》之四十九篇。以经字证之,《礼记》九万八千九百九十九字,(据唐石经。)非汉石十五碑所能容;以汉石经每碑字数计须十有九碑。惟《仪礼》五万七千一百一十一字,则需十一碑,其余当为校记、题名,此南行十五碑之《礼记》实为《仪礼》之证也。(又案《仪礼》经文仅需十一碑,加以校记,亦不过十二碑。而有十五碑者,疑他三碑乃表奏之属。《后汉书注》引陆机《洛阳记》云,《礼记》碑上有马日䃅、蔡邕名。今洛阳所出残石,有一石有刘宽堂、谿典诸人名,其里面又有诸经博士郎中姓名,其文甚长,或非一碑所能容,当在十五碑中也。)其所云"东行《论语》三碑",(原作二碑,顾氏《石经考》引改为三碑,以碑数计之,顾改是也。)与《论语》字数正合。然则以碑数与经文字数互校,汉石经经数当为《易》《书》《诗》《礼》(《仪礼》。)《春秋》五经,并《公羊》《论语》二传,故汉时谓之五经,或谓之六经,《隋志》谓之七经。除《论语》为专经者所兼习,不特置博士外,其余皆当时博士之所教授也。其石数当为四十六碑,而《洛阳伽蓝记》所举之《礼记》,(后魏时专谓四十九篇者谓《礼记》。)《隋志》注之梁时《郑氏尚书》八卷、《毛诗》二卷,既非博士所业,又增此三种,则与石数不能相符,此皆可决其必无者。汉石经之经数、石数既明,然后魏石经之经数、石数可得而考矣。

魏石经考二

魏石经所刊经数,据《西征记》《洛阳伽蓝记》,为《尚书》《春秋》二部;《隋书·经籍志》所载,亦仅有《三字石经尚书》九卷、(梁有十三卷。)《三字石经尚书》五卷、《三字石经春秋》三卷。(梁有十二卷。)惟《旧唐书·经籍志》乃有《三字石经尚书古篆》三卷、《三字石经左传古篆书》十三卷,(《唐书·艺文志》同,惟《左传》十三卷作十二卷。)是于《尚书》《春秋》二经外,又有《左氏传》。《隶续》录洛阳苏望所刊魏石经遗字,除《尚书》《春秋》外,亦有左氏桓七年《传》九字、桓十七年《传》二十六字,然以古书所记魏石经石数参证之,则疑窦不一而足。案魏石经石数,据《水经注·谷水》篇则四十八碑,据《西征记》(《御览》卷五百八十九引。)则三十五碑,据《洛阳伽蓝记》则二十五碑。而无论二十五碑、三十五碑、四十八碑,均不足以容《尚书》《春秋》《左传》三书字数。考唐石经,《尚书》二万七千一百三十四字,《春秋左氏传》十九万八千九百四十五字,共得二十二万六千又七十九字,除伪古文二十五篇并孔安国序八千四百八十四字，杜预序一千六百又七字，共一万又九十一字，计得二十一万五千九百八十八字，每字三体，当得六十四万七千九百六十四字。而魏石经每石字数仅四千有奇，余就黄县丁氏所藏魏石经残石，（此石光绪间出洛阳，潍县估人范某，得之洛阳某村路旁茶肆。其面已遭椎击。范估见其似有字迹而不存笔画，摸索石背则字迹显然。乃以五千钱购归，售诸黄县丁氏。此范估亲为罗叔言参事言者。）以经文排比之，则每行得六十字；更以此行款排比《隶续》所录魏石经《尚书》《春秋》残字，亦无一不合，知每石皆每行六十字。又量其字之长短，则每八字当汉建初尺一尺弱，六十字当得建初尺七尺有半，碑之上下当有余地，则与《西征记》及《水经注》所云"石长八尺"者合矣。《水经注》复云"石长八尺，广四尺"，八尺之长，除上下余地得六十字，则四尺之广，不止容三十字，（以各石相接，故左右不须有空处。）当得三十四、五字。今以每碑三十五行、行六十字计之，则每碑得二千一百字，加以表里刻字，（《洛阳伽蓝记》所云如是。今丁氏残石虽仅存一面，然其他面尚隐隐有字迹。）则得四千二百字。故《尚书》《春秋》《左传》三经字数，须一百五十五石乃能容之。此不独与古书所记石数无一相合，亦恐非正始数年中所能办。且考之隋以前纪载，不及《左传》；核之石数，又不能容三经，疑当时所刊《左传》，实未得全书十之二、三。《隶续》所录《左传》文，乃桓公末年事。案《左氏》隐、桓二公传，共九千三百三十九字，加以《尚书》一万八千六百五十字,《春秋》一万六千五百七十二字,（篇题字未计。）共四万四千五百六十一字。每字三体,得十有三万三千六百八十三字。今依《西征记》三十五碑字数计之,得十有四万七千字。盖所刊《左氏传》,当至庄公中叶而止。若如《洛阳伽蓝记》所云二十五碑,则尚不足容《尚书》《春秋》二经字数。（如上所计,以二十五碑字数校二经,字数之三倍尚不足六百六十六字。）而《水经注》之四十八碑,实为汉石经石数。故魏石经石数,当以《西征记》为最确也。其经数,则《尚书》《春秋》外,《左传》本未刊成,故六朝及唐初人纪载均未之及。唐宋以后,搜求残石及遗拓始及之。而新、旧二《志》十二卷或十三卷之数,殆兼《春秋》经言之,且未必邅为全卷,固非可据以难上文所论述也。

魏石经考三

汉一字石经,为《周易》《尚书》《诗》《仪礼》《春秋》《公羊传》《论语》七种。除《论语》不在经数,不立博士外,余皆立于学官之经,博士之所讲授者也。且汉石经后各有校记,盖尽列学官所立诸家异同。《隶释》谓"石经有一段二十余字,零落不成文。惟有《叔于田》一章及'女曰鸡'八字可读。其间有'齐'、'韩'

字，盖叙二家异同之说"。是汉石经用《鲁诗》本，而兼存齐、韩二家异字也。又《隶释》所录《公羊哀十四年传》后有三行，皆有颜氏有无语，是汉石经《公羊》用严氏本，而兼存颜氏异字也。《论语》后有包周及盍毛包周字，是《论语》亦用某本而兼存盍毛包周诸本异字也。以上《诗》之鲁、齐、韩，《公羊》之严、颜，皆立于学官之书，石经以一本为主，而复著他本异同于后，则当时学官所立诸家经本，已悉具于碑。是蔡邕等是正《六经》文字之本旨，而后儒所以咸取正于是者也。由是推之，汉石经《易》《书》《礼》三经，其校记虽不存一字，然后汉博士《易》有施、孟、梁邱、京氏四家，《书》有欧阳、大、小夏侯三家，《礼》有大、小戴二家。石经本亦必以一家为主，而于后著诸家之异同，如《鲁诗》《公羊传》例盖可断也。盖汉自石渠、虎观二议，已立讲《五经》同异之帜。嗣是章帝令贾逵撰欧阳、大、小夏侯《尚书》与古文同异，又撰齐、鲁、韩《诗》与毛氏异同，马融亦著《三传异同》。郑玄注《周官》，存古书字，又著"杜子春读为某"，"郑大夫、郑司农读为某"，是亦著杜、郑二家之异同。注《礼经》则著古今文之异同，注《论语》则存鲁读，当时学风已可概见。况石经之刊，为万世定本，既不能尽刊诸家，又不可专据一家，则用一家之本，而于后复列学官所立诸家之异同，固其所也。然汉学官所立皆今文，无古文。故石经但列今文诸经异同，至今文与古文之异同，则未及也。而自后汉以来，民间古文学渐盛，至与官学抗行，逮魏初复立大学。暨于正始，古文诸经盖已尽立于学官。此事史传虽无明文，然可得而征证也。考《魏略》，言"黄初中，太学初立，有博士十余人"。（《后汉书·儒林传》注及《魏志·杜畿传》注引。）《魏志·文帝纪》言"黄初五年夏四月，立大学，制五经课试之法，置《春秋榖梁》博士"。似魏初博士之数与后汉略同，但增置《春秋榖梁》一家。然考其实际，则魏学官所立诸经，乃与后汉绝异。《齐王芳纪》"正始六年十二月辛亥，诏故司徒王朗所作《易传》，今学者得以课试"。（即博士课试《五经》所用。）《王肃传》"肃为《尚书》《诗》《论语》《三礼》《左氏》解，及撰定父朗所作《易传》，皆立于学官"。又《高贵乡公纪》载"其幸太学之问，所问之《易》，则郑玄注也；所讲之《书》，则马融、郑玄、王肃之注也；所讲之《礼》，则《小戴记》，盖亦郑玄、王肃注也"。是魏时学官所立诸经，已为为贾、马、郑、王之学，其时博士可考者，亦多古文家，且或为郑氏弟子也。（详见余《汉魏博士考》。）当时学官所立者既为古学，而太学旧立石经，犹是汉代今文之学，故刊古文经传以补之。《隋志》载梁有《三字石经尚书》十三卷、《三字石经春秋》十二卷，此盖魏石经二经足本。十三卷者，后来伪《孔传》之卷数，与马融、王肃注本之十一卷、郑玄注本之九卷，分卷略同，而与欧阳、大、小夏侯之二十九卷或三十一卷及壁中书之五十八篇为四十六卷者绝异，乃汉魏间分卷之法。其《春秋》十二卷，则犹是《汉志》"春秋古经"之篇数，亦即贾逵三家经本训诂之卷数，（贾以《左氏经》

为底本。）与《汉志》公、穀二家经各十一卷者不同。盖汉魏以前，左氏所传《春秋经》皆如是也。魏时学官所立《尚书》既为马、王、郑三家，则石经亦当用三家之本。三家虽同为古文《尚书》，然其本已改今字，陆氏《释文》所引马、郑本经文，绝非壁中书，王肃本亦然。敦煌本未改字，《尚书释文》云："此篇既是王注，应作今文，相承以续《孔传》，故亦为古字。"（今本为宋时陈鄂辈删去。）是王肃本亦作今字。而此具古、篆、隶三体者，壁中本古文《尚书》，后汉时尚在秘府，许慎见之，郑玄亦见之，中更董卓之乱，虽未必存，然当时未必无传写之本。《隋志》谓晋世秘府所存有古文《尚书》经文。《尚书正义》引束晳云："《盘庚序》'将治亳殷'，孔子壁中书作'将始宅殷'。"晳所据壁中书，盖即晋秘府之古文《尚书》，虽未必为壁中原书，亦当自壁中本出矣。且汉魏间除秘府本外，尚有民间传写之本，卫恒《四体书势》谓其祖敬侯（即卫觊。）尝写《邯郸淳尚书》以示淳，而淳不别。案淳虽以传古文书法名，然书法与书体亦不能强别。且《魏略》言淳于黄初中为博士，是淳盖亦传古文《尚书》而为《书》博士者。其本宜有所受之，是魏时《尚书》古文，固有秘府本及民间本矣。至古文《春秋经》及《左氏传》，至魏时尚存否，虽不可考，然《周礼·小宗伯》注引古文《春秋经》"公即位"为"公即立"，是郑君犹及见之。正始距郑君之卒不过数十年，或当时尚有传写之本矣。且汉魏之间，字指之学大兴，魏时博士如邯郸淳、如苏林、如张揖，皆通古今字指者也。（《王粲传》

注引《魏略》,邯郸淳善苍雅虫篆、许氏字指。又《刘劭传》注引《魏略》,苏林通古今字指。《隋志》张揖有《古今字诂》三卷。字指,《旧唐志》作字旨。或谓字义之学。然《隋志》有《杂字指》一卷,后汉太子中庶子郭显卿撰。又《字指》二卷,晋朝议大夫李彤撰。《汗简》多引郭显卿字指、李彤集字,其字皆古文。是字指殆谓古今字之学,其体例当如《汉志》之八体六技及卫宏古文官书也。)又《魏略·儒宗传》序谓"太和青龙中,太学课试,台阁举格太高,加不念统其大义而问字指墨法点注之间"。是课试诸生亦用字指。魏之石经古文果壁中本,若其子本,抑用当时字指学家自定之本,均不可知。然即令出于字指学家之手,而字指学家之所据,亦不外壁中古文,因汉时除壁中《书》及张苍所传《春秋左氏传》外,别无古文故也。(《说文序》虽言郡国山川所出彝器与古文相似,然实未引一字。)今就魏石经遗字中古文观之,多与《说文》所载壁中古文及篆文合,(《说文》篆文中本多古文。)且有与殷周古文(谓殷虚书契文字及古金文。)至壁中书,则多先秦文字也。合而为许书所未载者。然则谓魏石经古文出于壁中本,或其三写、四写之本,当无大误。即谓出于当时字指学家之手,然虽非壁中之本,犹当用壁中之字,固不能以杜撰议之矣。至其与壁中本相异者,亦可得而言。壁中《尚书》五十八篇,为四十六卷,而魏石经据《隋志》注仅十三卷,且壁中本尚有《逸书》十六篇,建武时亡《武成》一篇,为十五篇。而魏石经若数逸篇,则三十五碑不能刊至《左传》

桓、庄间，是其篇数当与马、郑本同，是卷数篇数均异于壁中本也。又石经《尚书》十三卷，虽若与梅赜本卷数同，然无梅本所增之二十五篇，此亦可以石数字数证之。又梅本《书序》分冠各篇之首，而石经残字中，《吕刑》与《文侯之命》相接处，除《文侯之命》篇题外，无容《书序》之余地，故知石经《书序》亦自为一卷，与马、郑本同，而与梅本绝异也。要之，汉魏石经皆取立于学官者刊之。汉博士所授者皆今文，故刊今文经。魏学官所立《尚书》为马、郑、王三家，故但刊三家所注之三十四篇，其逸篇绝无师说，又不立学官，且当时亦未必存，故不复刊。亦犹《尚书》《逸礼》《春秋左氏传》同为古文，《逸礼》绝无师说，又不立学官，故仅刊古文《尚书》及《春秋左氏传》也。其刊此三经者，以汉世所未刊。其不刊《逸书》及《逸礼》者，以学官所不立。至《费氏易》《毛诗》《周官》《礼记》《穀梁春秋》，魏时亦已立学官，而石经无之者，盖《礼记》《穀梁传》均为今学，《费易》《毛诗》虽为古学，或已无古文之本，而魏石经必具三体，故未之及，或欲刊而未果，与《左传》之未毕工者同。(《隋志》一字石经《鲁诗》六卷下注：梁有《毛诗》二卷，亡。案汉时《毛诗》未立学官，决无刊《毛诗》之理。如果有《毛诗》，或出魏时所刊。后人以用一字与汉石经同，遂附之《鲁诗》下耳。)然则汉魏石经皆刊当时立于学官之经，为最显著之事实矣。

魏石经考四

拓石之事，未识始于何时，然拓本之始见于纪载者，实自石经始。《后汉书·蔡邕传》："碑始立，其观视及摹写者，车乘日千余两。"《晋书·赵至传》："至游太学，遇嵇康于学写石经"。《石季龙载记》："遣国子博士诣洛阳写石经。"是自汉至晋之中叶，尚无拓墨之法。《隋志》注载梁有"一字石经"、"三字石经"，其为拓本或写本，盖无可考。惟《隋志》著录之二种石经，确为拓本，《志》与《封氏闻见记》均明言之。观其所存卷数，梁时所有魏石经《尚书》《春秋》均系完帙，当时后魏初年之物。唐初所藏，则为迁邺前之物矣。《隋志》所录魏石经拓本，为《尚书》九卷，又五卷，（即九卷中之复本。）《春秋》三卷。《旧唐书·经籍志》又有《三字石经尚书古篆》三卷、《三字石经左传古篆书》十三卷，（《新志》作十二卷。）既云"三字石经"，复云"古篆书"，疑唐人就三字石经拓本中专录其古、篆二体，未必即是拓本。且《左传》有十三卷之多，非六朝人所记魏石经碑数所能容，其中当有《春秋》而误视为《左传》者，犹宋苏望所刊《尚书春秋残字》，自臧氏琳以前均谓之"《左传》遗字"也。又唐初《春秋》拓本仅存三卷，不应中叶以后并《春秋左传》乃得十三卷，然则《唐志》所录，殆不能视为拓本也。（《大唐六典》国子监书学博士掌教国子，以《石经》《说文》《字林》为业。《石经》三体，三年业成。《说文》二年，《字林》一年。《石经》业成年限多于《说文》《字林》，则存字当必不少。然六朝旧拓，唐中叶后盖已无存，偶有残拓，珍重与钟、王真迹等。则书学博士所用以教授者，亦当为写本，而非拓本。）且唐初修《隋志》时，现存之拓本，至中、睿以后颇已散佚。（徐浩《古迹记》载，中宗时以内府真迹赐安乐公主、太平公主，下至宰相、驸马等。自此，内库真迹散入诸家。《隋志》所录《石经》拓本之散佚，亦当在此时。）至开元时，仅得十三纸。郭忠恕《汗简略叙目录》云："开元时，得《三字石经春秋》，臣仪缝，（案"缝"上当有"押"字。）石经面题云：'臣钟绍京一十三纸'。又有'开元字印'、'翰林院印'，后有许公苏颋、梁公姚崇、昭文学士马怀素，崇文学士褚无量、左金吾长史魏哲、左骁卫兵曹陆元悌、左司御录事刘怀信、直秘书监王昭远、陪戒副尉张善装。（《墨池编》卷十四卢元卿跋尾记载《齐高帝书》一卷，后有开元五年十一月五日诸臣列名，与此同，惟多宋璟一人。其诸臣列名次第，首张善，终宋璟，与此适相反。又张善作张善庆，王昭远作王知逸，魏哲作魏晢。魏、陆、刘、王四人名下皆有监字。）至建中二年，知书楼直官、贺幽奇、刘逸己等检校，内侍伯宋游璟、掖庭令茹兰芳跋状尾焉。其真本即太子宾客致仕马胤孙家藏之。周显德中，嗣太子借其本传写在焉。"句中正《三字孝经序》（见《墨池编》。）所记略同。窦臮《述书赋》注云："今见三字石经打本四纸，石既寻毁，其本最希。唐中叶后，魏石经拓本见于纪载者，惟此而已。宋皇祐癸巳，洛阳苏望得拓本于故相王文康家，刊以行世"。欧阳棐《集古录目》谓其莫辨真伪。余疑其即开元内府之十三纸。何则？《隶续》所录苏氏刊本，今详加分析，则《尚书》六段、《春秋》七段、《左传》一段，共十四段，与开元之十三纸止差一纸，共中当有两段在一纸上者。且开元十三纸，后周时尚在马胤孙家，至宋初尚存，郭忠恕见之，句中正亦见之。（中正《三字孝经序》云，永泰中，相国马胤孙藏得拓本数纸，今所书文字悉准之。）王文康家之本，当即马本，苏氏刊之，而遗其跋尾，遂使人昧其所出耳。厥后胡宗愈复据苏本刊之锦官西楼，洪适于会稽蓬莱阁亦刊数十字。今苏、胡、洪三刻皆不可见，惟《隶续》所录者尚无恙。然则魏石经拓本，自开元以后讫于有宋之初，除窦臮所见四纸外，只此十三纸。郭忠恕《汗简》引魏石经一百二十二字，其见于苏刻者七十四字；夏竦《古文四声韵》引一百十四字，其见于苏刻者六十三字，余皆出《汗简》。其在苏刻及《汗简》外者，仅十二字。而郭、夏二书中苏刻所无之字，颇有苏刻所遗者，（苏跋谓取其完者刻之，则十三纸中磨泐及不完之字，苏未尝刊。郭、夏二氏或能辩而录之也。）亦有《尚书》《春秋》《左传》三书中本无此字者，则亦未必尽出石经。郭、夏所见，未必遽多于此矣。宋以后，苏胡诸刻尽亡，魏石经一线之传，惟存于《隶续》，若存若亡者又六百年。今幸《周书》残石出于洛阳，我辈始得见正始原刻，固足傲欧、洪诸君于千载之上矣。

魏石经考五

孔壁、汲冢古文之书法，吾不得而见之矣。《说文》中古文，其作法皆本壁中书，其书法，在唐代写本与篆文体势无别，雍熙刊板则古篆迥异。案宋初校刊《说文》，篆文当出徐铉手，古、籀二体当出句中正与王惟恭二人之手。（《宋史·儒林传》，句中正与徐铉重校定《说文》摹印。《说文》后附《进书表》，亦并列王惟恭、葛湍、句中正、徐铉四人名。中正有《三字孝经》，惟恭有《黄庭经》，亦以古文书之。夏竦《进古文四声韵表》云，翰林少府监丞王惟恭，写读古文，笔力尤善。是句，王皆以古文名。《说文》中古、籀二体，必句、王二人所书明矣。）此种书体，在唐以前不能征之，自宋以后，则郭忠恕之《汗简》、夏竦之《古文四声韵》、吕大临、王楚、王俅、薛尚功辈所摹之三代彝器，皆其一系。洎近世古器大出，拓本流行，然后知三代文字决无此体。（惟吴县潘氏藏不知名古铜器一，笔意近之，而结体复异，乃六国时物也。）今溯此体之源，当自三字石经始矣。卫恒《四体书势》谓"魏初传古文者出于邯郸淳，至正始中立三字石经，转失淳法，因科斗之名，遂效其形。"然则魏石经残字之丰中锐末或丰上锐下者，乃依傍科斗之名而为之，前无此也。自此以后，所谓"古文"者，殆专用此体。郭忠恕辈之所集，决非其所自创，而当为六朝以来相传之旧体也。自宋以后，句中正辈用以书《说文》古文，吕大临辈用以摹古彝器。至国朝，《西清古鉴》等书所摹古款识，犹用是体。盖行于世者几二千年，源其体势，不得不以魏石经为滥觞矣。

简牍检署考

书契之用,自刻画始。金石也,甲骨也,竹木也,三者不知孰为后先,而以竹木之用为最广。竹木之用,亦未识始于何时。以见于载籍者言之,则用竹者曰"册"。《书·金滕》"史乃册祝";《洛诰》"王命作册逸祝册";《顾命》"命作册度"。"册"字或假"鞭策"之"策"字为之。《聘礼》"百名以上书于策";《既夕礼》"书遣于策";《周礼·内史》"凡命诸侯及公卿大夫,皆策命之";《左传》"灭不告败,克不告胜,不书于策";又"名藏在诸侯之策"是也。曰"简"。《诗·小雅》"畏此简书";《左传》"执简以往";《王制》"太史执简记"是也。用木书者曰"方"。《聘礼》"不及百名书于方";《既夕礼》"书赗于方";《周礼·内史》"以方出之";《萚簇氏》"以方书十日之号"是也。曰"版"。《周礼·小宰》"听闾里以版图";《司书》"掌邦人之版";《大胥》"掌学士之版";《司士》"掌群臣之版";《司民》"掌民之数,自生齿以上,皆书于版"是也。曰"牍"。《韩诗外传》(七)"周舍见赵简子云'墨笔操牍'"是也。竹木通谓之"牒"，亦谓之"札"。司马贞《史记索隐》"牒，小木札也"；颜师古《汉书注》"札，木简之薄小者也"，此谓木牒、木札也。《说文》(六)"简，牒也"；又(七)"牒，札也"；《论衡》(十二)《量知篇》"截竹为筒，破以为牒"；《文心雕龙》(五)"短简编牒"，此谓竹牒也。《左传疏》"单执一札，谓之为简"，此谓竹札也。殷周制度，虽不可得而详，然战国以降，则可略述焉。

简策之别，旧说不一。郑康成《仪礼》《礼记》"注"、杜元凯《左传注》，皆云："策，简也。"贾公彦《仪礼疏》谓："简据一片而言，策是连编之称。"孔颖达《左传疏》亦曰："单执一札，谓之为简，连编诸简，乃名为策。"是贾、孔二君，均以简为策中一札。然孔氏于《尚书疏》又引顾彪说曰："二尺四寸为策，一尺二寸为简。"则又以长短别之。前说是也。

古策有长短，最长者二尺四寸，其次二分而取一，其次三分取一，最短者四分取一。《论衡》(十二)《量知篇》："截竹为筒，破以为牒，加笔墨之迹，乃成文字，大者为经，小者为传记。"又(十二)《谢短篇》："二尺四寸，圣人文语，朝夕讲习，义类所及，故可务知。汉事未载于经，名为尺籍短书，比于小道，其能，非儒者之责也。"案，《说文》(五)引庄都说："典，大册也。"而五帝之书名"典"，则以策之大小为书之尊卑，其来远矣。周末以降，经书之策皆用二尺四寸。《仪礼疏》引郑作《论语序》云："《易》、《诗》、

《书》、《礼》、《乐》、《春秋》策,皆长尺二寸。《孝经》谦半之,《论语》八寸策,又谦焉。"案,"尺二寸"当作"二尺四寸"。《左传》《疏》云:"郑元注《论语序》,以《孝经钩命决》云'《春秋》二尺四寸书,《孝经》一尺二寸书',故知六经之策,皆长二尺四寸。"《通典》(五十四)封禅使许敬宗等奏:"案,《孝经钩命决》云:'六经策长二尺四寸,《孝经》策长一尺二寸。'"则贾《疏》之"尺二寸"为"二尺四寸"之讹,无疑也。以上三说,贾、孔二君仅见康成《论语序》,未见《钩命决》原文,而所引郑《序》,又皆仅掇其意,不尽举其辞。细绎之,则郑之所以知六经策皆二尺四寸者,亦第据《钩命决》所云《春秋》策推之,并未亲见六经策。盖郑君生年后于王仲任,其时中原简策制度,已有变易。《后汉书·周磐传》:磐遗令"编二尺四寸简,写《尧典》一篇,以置棺前"。盖其时旧制渐废,故磐特用之,史亦著之云尔。且不独古六经策为二尺四寸也。荀勖《穆天子传序》:"古文《穆天子传》者,太康二年汲县民不准盗发古冢所得书也,皆竹简,素丝纶,以臣勖前所考定古尺度其简,长二尺四寸,以墨书,一简四十字。"则周时国史记注策,亦二尺四寸也。礼制法令之书亦然。《后汉书·曹褒传》:"褒撰天子至于庶人冠昏吉凶终始制度,以为百五十篇,写以二尺四寸简。"则礼书之制也。《盐铁论》(下)《贵圣篇》:"二尺四寸之律,古今一也。"则律书之制也。此上所云尺寸,皆汉尺,非周尺。周尺二种:一以十寸为尺,一以八寸为尺。(案,周尺之制,其说不一。《隋书·律历志》以周尺与汉尺为一种,汉人则多用周八寸为尺之说。今以经传考之,则《考工记》言琬圭九寸,琰圭九寸,璧琮九寸,大璋中璋九寸,不云尺一寸也。《国语》:"其长尺有咫。"不云二尺二寸也。《左传》:"天威不违颜咫尺。"咫尺并言,明咫自为咫,尺自为尺也。《礼·檀弓》:"榛以为笄,长尺而总八寸。"明尺自为尺,八寸自八寸也。然《说文·尺部》:"咫,中妇人手,长八寸,周尺也。"又《夫部》:"夫,丈夫也。周制八寸为尺,十尺为丈,人长八尺,故曰丈夫。"《论衡》(二十八)《正说篇》:"周以八寸为尺。"《独断》:"夏十寸为尺","殷九寸为尺","周八寸为尺"。《通典》(五十五)引《白虎通》:"夏十寸为尺","殷十二寸为尺","周八寸为尺"。《礼·王制》:"古者以周尺八尺为步,今以周尺六尺四寸为步。"郑《注》:"周尺之数,未详闻也。据礼制,周犹以十寸为尺,盖六国时多变乱法度。或言周尺八寸,则步更为八八六十四寸。"则周时自有八寸尺。郑君之解,可谓明通。至周代,此二种尺用于同时,或用之有先后,则不可考也。)其以八寸为尺者,汉之二尺四寸,正当周之三尺,故《盐铁论》言"二尺四寸之律",而《史记·酷吏传》称"三尺法",《汉书·朱博传》言"三尺律令",盖犹沿用周时语也。《南齐书·文惠太子传》:"时襄阳有盗发古冢者,相传云是楚王冢,大获宝物,玉屐、玉屏风、竹简书、青丝纶。简广数分,长二尺,皮节如新。盗以把火自照,后人有得十余简,以示抚军王僧虔。僧虔云是科斗书《考工记》,《周官》所阙文也。"案,齐尺长短,史无明文。《隋书·律历志》谓:

"宋氏尺比晋前尺（与汉尺同）一尺六分四厘，梁朝俗间尺比晋前尺一尺七分一厘。"齐尺当在宋梁之间，南齐二尺，大抵当汉二尺一寸有奇。则《考工记》竹简，殆亦为汉之二尺四寸，而史特举其成数耳。此最长之简也。二分取一，则得一尺二寸。《钩命决》所云《孝经》策是也。汉以后官府册籍，亦用一尺二寸。《汉书·元帝纪注》："应劭曰：'籍者，为尺二竹牒（今本作"二尺竹牒"，从《玉海》八十五所引，及崔豹《古今注下》改正），记其年纪、名字、物色，悬之宫门。'"《续汉书·百官志》亦云："凡居宫中者，皆有口籍于门之所属。宫名两字，为铁印文符，案省符乃纳之。"《注》引胡广曰："符用木，长尺二寸。"盖始用竹，而后改为木也。《太平御览》（六百六）引《晋令》："郡国诸户口黄籍，皆用一尺二寸札，已在官役者载名。"疑亦用汉制也。三分取一为八寸，《论语》策是也。《论衡》（二十八）《正说篇》："说《论》者，皆知说文解语而已，不知《论语》本几何篇；但周以八寸为尺，不知《论语》所独一尺之意。夫《论语》者，弟子共记孔子之言行，敕纪之时甚多，数十百篇，以八寸为尺，纪之省约，怀持之便也。以其遗非经传文，纪识恐忘，故以但八寸尺，不二尺四寸也。"又《书解篇》云："秦虽无道，不燔诸子，诸子尺书，文书具在。"此尺书当亦以八寸尺言。则诸子亦八寸策也。四分取一为六寸，符、筭是也。《说文》（五）："符，信也。汉制以竹，长六寸，分而相合。"又："筭，长六寸，纪历数者。"此种短简，连编不易，故不用于书籍。唯符信之但需二印相合者，始用之。筭筹则本分别用之，亦以短为便。故周时用一尺二寸者，汉亦用六寸。此周秦两汉间简策种类之大略也。

筭之为策，或颇疑之。然由其制度及字形观之，则为策之一种，无可疑也。《礼·投壶》："筭长尺有二寸。"《乡射礼》则云："箭筹八十，长尺，有握，握素。"郑《注》："箭，筹也。筹，筭也。""握，本所持处也。素，谓刊之也。刊本一肤。"贾《疏》："长尺，复云有握，则握在一尺之外，则此筹尺四寸矣。"其尺寸与《投壶》不同，盖此以周八寸尺言，而《投壶》以十寸尺言，其实一也。若计历数之筭，则其长半之，此当由便于运算之故。《汉书·律历志》："筭法用竹六寸，径一分，长六寸。"《说文》亦云："筭，长六寸。"尺二寸与六寸，皆二尺四寸之分数，其出于策之遗制，明矣。又，古者史官，一名作册。其于文字，从手执中。中者，册也。故册祝、册命，及国之典册，史实掌之。而《大射礼》实筭、释筭亦太史之事。明策之与筭，非异物也。故古筭字往往作筴，筴者，策之别字也。《既夕礼》："主人之史请读赗，执筭从，柩东。"郑《注》："古文筭，皆作筴。"《老子》："善计者，不用筹策。"意谓不用筹筭也。《史记·五帝本纪》："迎日推筴。"《集解》引晋灼曰："筴，数也，迎数之也。"案，《说文》"算，数也"，则原文当作"迎日推算"，又借"筴"为"算"也。汉《张迁碑》："八月筴民。"亦以"筴"为"算"之证。又，古者筮亦用筭以代蓍，故言龟策者，多于言蓍龟。《易·系辞传》言"乾之策"，"坤之策"。《曲礼》言"龟筴敝，则埋之"；"倒筴侧龟于君前，有诛"；"龟筴不入公门"；"龟为卜，筴为筮"。《秦策》言"错龟数策"，《楚辞》言"端策拂龟"，《韩非子》言"凿龟数策"，《史记》有《龟策传》。皆以龟策并称。筮字从竹，当亦由此。愚意此字或竟从筴，而《周礼》之"簭"，小篆之"䇑"，均非其本字。本字当从筴从口（即《周礼》簭字所从出），或从筴从廾（即小篆"䇑"字所从出）。一象筴在下韇中，一象两手奉筴之形，于义为长。是以古筭、筴互相通假，筮、筴二字亦然。《士冠礼》："筮人执筴抽上韇，兼执之，进受命于主人。"是言筮仪也。而《特牲馈食礼》则云："筮人取筮于西塾，执之，东面受命于主人。"《少牢馈食礼》则云："史朝服，左执筮，右抽上韇，兼与筮执之，东面受命于主人。"又云："抽下韇，左执筮，右兼执韇以击筮。"又云："吉，则史韇筮，史兼执筮与卦，以告于主人。"郑注《特牲馈食礼》之"筮人取筮"曰："筮人，官名也。筮，问也。取其所用，问神明者，谓蓍也。"其实，"取筮"、"执筮"、"击筮"、"韇筮"之"筮"，均当作"筴"。郑君于《士冠礼》、《既夕礼》《注》亦皆云："韇者，藏筴之器。"而此独云"筮，问也"，殊为迂曲，必为"䇑"字无疑。然则筮也，筴也，筭也，实非异物也。故知"筭"为"策"之一种也。

制策之始，所以告鬼神，命诸侯，经所谓"册祝"、"策命"是也。《说文》（二）："册，符命也，诸侯进受于王者也。象其札一长一短，中有两编之形。"此言王言诸侯，殆谓周制。《史记·三王世家》："褚先生曰：'孝武帝之时，同日而俱拜三子为王……为作策以申戒之……至其次序分绝,文字之上下,简之参差长短,皆有意,人莫之能知。'"则汉策亦有长短也。后汉犹然。《独断》云:"策书。策者,简也……其制,长二尺,短半之。(此或较古制稍短,或举成数,不可考。)其次一长一短,两编,下附篆书,起年月日,称皇帝曰,以命诸侯、王、三公。"自是以降,讫于北齐,仍用此制。《隋书·礼仪志》后齐"诸王、三公、仪同、尚书令、五等开国、太妃、妃、公主封拜册,轴长二尺,以白练衣之。用竹简十二枚,六枚与轴平,六枚长尺二寸。文出集书,皆篆字。哀册、赠册亦同"是也。《释名》(六):"简,间也,编之篇篇有间。"殆亦长短相间,故云"篇篇有间"也。初疑此制惟策命之书为然,未必施之书籍。然古书之以策名者,有《战国策》。刘向《上〈战国策〉书序》:"中书本号,或曰《国策》,或曰《国事》,或曰《短长》,或曰《事语》,或曰《长书》,或曰《修书》。"窃疑周秦游士甚重此书,以策书之,故名为策。以其札一长一短,故谓之《短长》。比尺籍短书,其简独长,故谓之《长书》、《修书》。刘向以战国时游士辅所用之国,为之策谋,定其名曰《战国策》。以"策"为策谋之"策",盖已非此书命名之本义。由是观之,则虽书传之策,亦有一长一短,如策命之书者。至他书尽如此否,则非今日所能臆断矣。

若一简行数,则或两行,或一行。字数则视简之长短以为差,自四十字至八字不等。《晋书·束晳传》:"有人于嵩高山下得竹简一枚,上两行科斗书,传以相示,莫有知者。司空张华以问晳,晳曰:

'此汉明帝显节陵中策文也。'"《穆天子传》简长二尺四寸,而一简四十字,恐亦两行。然以一行为常。《左传疏》云:"简之所容一行字耳。"《尚书》本二尺四寸策。《聘礼疏》引郑《注》云:"《尚书》三十字一简。"《汉书·艺文志》:"刘向以中古文(《尚书》)校欧阳、大小夏侯三家经文,《酒诰》脱简一,《召诰》脱简二。率简二十五字者,脱亦二十五字。简二十二字者,脱亦二十二字。"今《康诰》篇首一节,其为《洛诰》脱简无疑,共四十八字,以刘向所说者差之,当为两简,则一简二十四字。以二尺四寸策,而每简二三十字,则一行可知。《左传》之策当短于《孝经》,或用八寸策。《聘礼疏》引服虔注《左氏》曰:"古文篆书,一简八字。"当亦每简一行也。此外,《易》、《诗》、《礼经》、《春秋》策之长短与《尚书》同,则字数亦当如之。《礼记》为释经之书,其策当视《左传》。今考《记》中错简,则《玉藻》错简六,计三十五字、三十一字者各一,二十九字者二,二十六字者一,八字者一。《乐记》错简二,一为五十一字,一为四十九字。《杂记》错简四,一二十一字,与十九字相错;一二十九字,与十八字相错。唯《玉藻》之"王后袆衣,夫人揄狄"一简,独为八字。由此推之,则五十一字、四十九字者,当由五简相错;三十五字、三十一字、二十九字者,当由三简相错。其二十六字者,简末"天子素带,朱里,终辟",与下简之首"而朱里,终辟"五字不接,其下当脱烂"诸侯□□"四字,并脱字计之,共三十字,则亦三简也。其二十一字、十九字、十八字者当为二简,则每简一行可知也。

上古简策书体，自用篆书。至汉晋以降，策命之书亦无不用篆者。《独断》云："策书，篆书。三公以罪免，亦赐策文，如上策，而隶书，以尺一木两行，惟此为异。"《通典》（五十五）晋博士孙毓议曰："今封建诸王，裂土树藩，为册告庙，篆书竹册，执册以祝，讫，藏于庙。（中略）四时享祀祝文，事讫，不藏。故但礼称祝文尺一白简（此简字谓木简，犹《独断》之以尺一木为策也），隶书而已。"然则事大者用策，篆书；事小者用木，隶书，殆为通例。《隋志》言北齐封拜册用篆字，盖亦用汉晋之制也。孔安国《尚书序》云："以所闻伏生之书，考论文义，定其可知者，为隶古定，更以竹简写之。"则汉时六经之策似用隶书，然孔《传》赝作不足信。又，汉经籍虽有古、今文之分，然所谓今文，对古籀言之，亦不能定其为篆、为隶。唯汉时宫籍狱辞亦书以简，则容有用隶书之事。又书传所载，似简策亦有用草书者，则殊不然。《史记·三王世家》："褚先生曰：'臣幸得以文学为侍郎，好览观太史公之列传。列传中称《三王世家》文辞可观，求其世家终不能得。窃从长老好故事者，取其封策书，编列其事而传之。（中略）谨论次其真草诏书，编于左方。'"顾氏炎武《日知录》（二十一）据此遂谓："褚先生亲见简策之文，而孝武时诏已用草书。"然褚先生所谓真草诏书，盖指草稿而言。封拜之册，诸王必携以就国，则长老好故事者所藏，必其草稿无疑，未足为草书策之证也。宋黄伯思《东观余论》（上）《汉简辨》云："近岁关右人（上条《记与刘无言论书》云：'政和初，人于陕右发地，得竹木简一瓮。'）发地得古瓮，中有东汉时竹简甚多，往往散乱不可考，独《永初二年讨羌符》，文字尚完，皆章草书，书迹古雅可喜。其词云云。"则汉时似真有草书之简。然据赵彦卫《云麓漫钞》（七）所纪，则不云"竹简"，而云"木简"，且谓吴思道亲见之于梁师成所，其言较为可据，则以章草书简均无确证，或竟专用篆、隶矣。

至简策之文，以刀书，或以笔书，殊不可考。《考工记》："筑氏为削。"郑《注》："今之书刀。"贾《疏》："古者未有纸笔，则以削刻字。至汉虽有纸笔，仍有书刀。"案，汉之书刀，殆用以削牍，而非用以刻字，故恒以刀笔并言。虽殷周之书，亦非尽用刀刻。《大戴礼·践阼篇》师尚父谓黄帝、颛顼之道"在丹书"。《周礼·司约》："小约剂，书于丹图。"《左传》："斐豹，隶也，著于丹书。"郑注《周礼》云："丹图未详。"杜注《左传》云："以丹书其罪。"案，《越绝书》（十三）云："越王以丹书帛，致诸枕中，以为国宝。"则杜说殆是也。至周之季年，则有墨书。《管子》（九）《霸形篇》："令百官有司，削方墨笔，明日皆朝于太庙之门，朝定令于百吏。"《韩诗外传》（七）："周舍见赵简子曰：'臣愿为谔谔之臣，墨笔操牍，从君之后，伺君之过而书之。'"此足为周时已有墨书之据。且汲冢所出《穆天子传》，必书于魏安釐王以前，而为墨书。（见上）则战国以后，殆无有用刀刻者矣。（古又有漆书之说。《后汉书·杜林传》："林前于西州得漆书《古文尚书》一卷。"又《儒林传》:"有私行金货,定兰台漆书经字,以合其私文。"案,周末既有墨书,则汉时不应更有漆书。盖墨色黑而有光,有类于漆,故谓之漆书。且杜林所得《古文尚书》,云"卷"而不云"篇",则其书当为缣帛而非简策,简策用漆,殊不足信也。)

策之编法,用韦或丝。《史记·孔子世家》:"孔子晚而喜《易》,读《易》韦编三绝。"此用韦者也。《穆天子传》以素丝纶,《考工记》以青丝纶(并见上),《孙子》以缥丝纶。(见《御览》引刘向《别录》)此用丝者也。至编次之状,则《说文》所谓中有二编,《独断》所谓"两编"者是,观篆文册字之形可悟矣。

汉、魏以后,两简相连之处,并作镌缝。颜师古《匡谬正俗》(六):"镌缝,此语言元出魏晋律令。《字林》本作'镌,刻也'。古未有纸之时,所有簿领,皆用简牍,其编连之处,恐有改动,故于缝上刻记之,承前以来,呼为镌缝。"此即六朝以后印缝、押缝之所由出,未必为周、秦、汉初之制也。(《说文·刀部》:"券别之书,以刀判契其旁,故曰书契。"此为古制或汉制,许君不言。郑玄《周礼·质人注》:"书契,取予市物之券也。其券之象,书两札,刻其侧。"此亦与魏、晋之镌缝略同。然恐许、郑二君以契字为刊刻之义,故望文训之,未必周制如是也。)

周时方版尺寸,盖不可得而详。若秦汉以降之牍,则其制度可略言焉。牍之未成者为柿。《说文》(七):"柿,牍朴也。"《论衡·量知篇》:"断木为椠,析之为板,力加刮削,乃成奏牍。"此椠之本义也。牍之未制者,必长于常牍,故牍之长者亦称为椠。《西京杂记》(三):"杨子云好事,常怀铅提椠,从诸计吏,访殊方绝域四方之语。"《释名》(六):"椠,板之长三尺者也。椠,渐也,言其渐渐然长也。"颜师古《急就篇注》(三)亦云,此后起之义也。牍之最长者为椠,其次为檄,长二尺。《说文》(六):"檄,二尺书。"段氏玉裁《注》据《韵会》所引《说文系传》及《后汉书·光武纪》"注"所引《说文》改为"尺二书",然宋本《说文系传》实作"二尺书"。又,《史记索隐》于《张仪》、《韩信》二传中两引《说文》,《艺文类聚》(五十八)、《太平御览》(五百九十七)、元应《一切经音义》(十)所引《说文》,与颜师古《汉书·申屠嘉传》、《急就篇》"注"均作"二尺",不作"尺二",段改非是。其次为传信,长一尺五寸。《汉书·孝平纪》"一封玺传"《注》:"如淳曰:'律,诸当乘传及发驾置传者,皆持尺五寸木传信,封以御史大夫印章'"是也。其次为牍,长一尺。《汉书·游侠传》:"陈遵与人尺牍,主皆藏弄之,以为荣。"《说文》(七):"牍,书版也。"《后汉书·北海靖王兴传》、《蔡邕传》"注"皆云:"《说文》曰:'牍,书版也。'长一尺。"盖通行之制也。唯天子诏书独用尺一牍。《史记·匈奴传》"汉遗单于书牍以尺一寸",《汉旧仪》之"尺一板"(《续汉志注》、《大唐六典》、《通典》诸书引),《汉仪》之"尺一诏"(《御览》五百九十三引),《独断》之"尺一木"皆是也。汉人又单谓之"尺一"。《后汉书·杨赐传》云"断绝尺一",《李云传》云"尺一拜用",《儒林传》云"尺一出升",《续汉书·五行志》云"尺一雨布",皆是。《魏志·夏侯玄传》"先是有诈,作尺一诏书,以玄为大将军",则魏制犹然。汉时以长牍为尊,故臣下用一尺,天子用尺一。至中行说教单于用尺二寸牍,乃用以夸汉,非定制。惟封禅玉牒,其制仿牍为之,而长尺三寸,此又非常大典,不能以定制论也。魏晋以后,寖以加侈,有至一尺二寸者。《通典》(五十八)《注》:"晋六礼版(聘皇后用),长尺二寸,以象十二月;博四寸,以象四时;厚八分,以象八节。皆真书。"又有至一尺三寸者。《隋书·礼仪志》后齐正旦,侍中宣诏慰劳州郡国使。诏牍长一尺三寸,广一尺,雌黄涂饰,上写诏书三。"又能二尺五寸者。《隋志》:后齐"颁五条诏书于诸州郡国使人,写以诏牍一版,长二尺五寸,广一尺三寸,亦以雌黄涂饰,上写诏书。正公依仪宣示使人,归以告刺史二千石"。此二事,殆因所书非一诏,又或因宣示使人,故书以大牍,自非常制。若汉时之牍,则仅有一尺、尺一两种,此外别无所闻。又其次则为五寸,门关之传是也。《汉书·孝文帝纪》:"除关无用传。"案,传信有二种。一为乘驿者之传,上所云"尺五寸"者是也。一为出入关门之传,郑氏《周礼注》所谓"若今过所文书"是也,其制则崔豹《古今注》云:"凡传皆以木为之,长五寸,书符信于上。又以一板封之,皆封以御史印章。"此最短之牍也。此二者一为乘传之信,一为通行之信;一长尺五寸,一长五寸;一封以御史大夫印章,一封以御史印章。尊卑之别,显然可知。由是观之，则秦、汉简牍之长短，皆有比例存乎其间。简自二尺四寸，而再分之，三分之，四分之；牍则自三尺（檠），而二尺（檄），而尺五寸（传信），而一尺（牍），而五寸（门关之传）。一均为二十四之分数，一均为五之倍数，此皆信而可征者也。

　　简之长短皆二十四之分数，牍皆五之倍数，意简者秦制，牍者汉制欤！案，《史记·秦始皇本纪》："数以六为纪，符、法冠皆六寸。"六寸之符，本为最短之策，自是而一尺二寸正得其二倍，二尺四寸正得其四倍。又以秦一代制度推之，无往而不用六为纪。秦刻石文以三句为一韵，一句四字，（《史记》所录文中，"二十有六年"、"二十有九年"、"三十有七年"皆当作"廿有六年"、"廿有九年"、"卅有七年"，观峄山刻石可知。）三句十二字。十二字者，六之一倍也。故碣石刻石文，九韵一百八字，为六之十八倍。泰山、之罘、东观、峄山诸刻皆十二韵，一百四十四字，为六之二十四倍。会稽刻石二十四韵，二百八十八字，为六之四十八倍。唯琅琊台刻石，颂文二句一韵，然用三十六韵，二百八十八字，亦六之四十八倍也。不独字数为然，以韵数言之，则九者六之一倍有半，十二者六之二倍，二十四者六之四倍，三十六者又六之自乘数也。此外，如上虞罗氏所藏秦虎符，文曰："甲兵之符，右在皇帝，左在阳陵。"凡十二字。阿房宫址所出瓦当文曰："惟天降灵，延元万年，天下康宁。"亦十二字。秦之遗物，殆无一不用六之倍数，则简策之长短，亦何必不然？然《穆天子传》出于魏安釐王冢，而已用二尺四寸策，又八寸为尺是周末之制，若简策长短，自秦制出，则二尺四寸之律不应称三尺法。且《论语》八寸策，又何以不以六为纪也？牍亦如之。据《史记·封禅书》，武帝太初元年，始更印章以五字，数以五为纪。此后，汉之符传皆用五寸，颇疑牍之制或出于此。然当文帝时遗单于书，已用尺一牍。天子用尺一，则臣下自用一尺，余牍当以此差之，则牍用五之倍数，亦不自武帝始矣。恐后人必有以余之所疑为疑者，故附辨之。

周时方版尺寸，虽不可考，然《聘礼》云"不及百名书于方"，则一方固可容八九十字。《既夕礼》："知死者赠，知生者赗，书赗于方，若九若七若五。"郑《注》："方，板也。书赗奠赙赠之人名与其物于板，若九行若七行若五行。"夫一方之字数可至八九十，而行数可至于九，则其制不得过狭。所谓方者，或即以其形制名欤！至汉时之牍，则分广、狭二种，广者为牍，狭者为奏。《释名》（六）："奏，邹也。邹，狭小之言也。"《论衡》（十三）《效力篇》："书五行之牍，十奏之记，其才劣者，笔墨之力尤难。"案，记之为言书也，十奏之记，犹言十牍之书也。《史记·滑稽列传》："东方朔至公车上书，用三千奏牍。"盖奏事之书，以狭牍连编之，故得"奏"之名。《魏志·张既传注》引《魏略》云："既常蓄好刀笔及版奏，伺诸大吏有乏，辄给与。"则版与奏明为二物。《释名》（六）："画姓名于奏上曰画刺。"以刺但需写爵姓里名，故用牍之狭者也。至诸牍广狭之制，则常牍之广，大抵三分其裘而有其一。

《续汉书·祭祀志》：玉牒书"长尺三寸，广五寸"。《通典》晋六礼版"长尺二寸"，"广四寸"，其式可以此推牍上之字，以五行为率。《论衡》云"五行之牍"，《独断》云"表文多以编两行，少以五行"，盖文多者编两行牍若干书之，而少者以五行牍一，与周之"百名以上书于策，不及百名书于方"同义。广四五寸者，容五行之字，于形制亦宜。若以小字细书之，则得书十行。《后汉书·循吏传》："初，光武长于民间，颇达情伪，见稼穑艰难，百姓病害。至天下已定，务用安静，（中略）其以手迹赐方国者，皆一札十行，细书成文，俭约之风，行于上下。"此于五行之牍，书十行之字，乃光武示民以俭之意，初非常制如斯也。至狭牍之书，则容两行。《独断》云："表文多以编两行。"又云："三公以罪免，亦赐策文，隶书，尺一木两行。"案，前、后《汉书》所载策免三公之文，多者至数百字，断非一牍两行所能容，当亦编众牍为之也。匈牙利人斯坦因于敦煌西北长城址所得木札，长汉尺一尺，广半寸许。余所见日本橘瑞超所得于吐峪沟者，大略相同（未及以汉尺量之）。其书或一行或二行，此当为最狭之牍矣。《南齐书·祥瑞志》："延陵令戴景度称所领季子庙，泉中得一根木简，长一尺，广二寸，隐起文曰'庐山道人张陵谒诣起居'。"此牍出方士伪造，盖无可疑。然其文实名刺之体裁，或足征古代奏之广狭也。）

版牍书体，周秦以上自用篆书，汉后多用隶书。《独断》言"隶书，尺一木"。《通典》载晋博士孙毓议，亦以"篆书、竹册"与

"尺一白简、隶书"并称，此所谓"尺一白简"，即指尺一木而非竹简。李善注《文选》引萧子良《古今篆隶文体》云："鹤头书、偃波书，俱诏板所用，汉时谓之尺一简。"上云"诏板"，下云"尺一简"，亦简、板互文也。"鹤头书"谓隶书之一体，《隋书·百官志》之"鹤头板"，指"鹤头书"所书之板也。"偃波书"亦同。《初学纪》（二十一）引挚虞《决疑要注》云："尚书台召人用虎爪书，告下用偃波书，皆不可卒学，以防诈伪。"盖官省所用隶书变体也。晋纳后六礼版文用真书，则通行版牍自以真、行为主。《后汉书·北海靖王传》作"草书尺牍"，蔡邕《答诏问灾异八事》亦云："受诏书各一通，尺一木版，草书。"宋时所得《汉永初二年讨羌符》，亦用草书。则汉牍固亦通用章草矣。

简牍之外，古人所用以书字者，尚有一种，则曰"籥"、曰"笘"、曰"觚"是也。《说文》（三）："籥，书僮竹笘也。"又云："颍川人名小儿所书写为笘。"《礼》所谓"伸其佔毕"是也。又谓之籥。《广雅》云："笘，籥也。"至其形制如何，殊不可确知。《急就篇》云："急就奇觚与众异。"颜师古《注》："觚者，学书之牍，或以记事，削木为之，其形或六面，或八面，皆可书。"今以《仓颉》、《训纂》诸篇每章之字数计之，然后知颜氏之说之足据也。《汉书·艺文志》："汉时闾里书师，合《仓颉》、《爰历》、《博学》三篇，断六十字以为一章，凡五十五章，并为《仓颉篇》。"又云："元始中，征天下通小学者以百数，各令记字于廷中。扬雄采其有用者以作《训纂篇》，顺续《仓颉》，又易《仓颉》中重复之字，凡八十九章。"而许氏《说文解字序》则云："黄门侍郎扬雄，采以作《训纂篇》，凡《仓颉》以下十四篇，凡五千三百四十字。"以八十九章，而得五千三百四十字，则《训纂篇》亦以六十字为一章也。《急就篇》则每章六十三字，求其所以以六十字为一章之故，则此种字书必书于觚，而以一觚为一章，故《急就篇》首句即云"急就奇觚与众异"也。其觚既为六面形或八面形，则每面必容一行，每行必容十字或八字。凡小学诸书皆如是。故他书每章字数，殊无一定，而字书独整齐如是也。古人字书，非徒以资通读，且兼作学书之用（观皇象书《急就篇》可知），故书以觚。觚可直立，亦可移转，皆因便于临摹故也。至小儿所书之苦，势无即仿其制之理，或即以所学之牍之名，加诸学之之牍，亦未可知。此实由简牍而变者，故附著之。

　　简策版牍之制度，略具于右。至简牍之用，始于何时，讫于何代，则无界限可言。殷人龟卜文字及金文中，已见"册"字，则简策之制古矣。"方""版"二字，始见《周礼》，然古代必已有此物。又世或有以缣帛之始为竹木之终者，则又不然。帛书之古，见于载籍者，亦不甚后于简牍。《周礼·大司马》："王载太常，（中略）各书其事与其号焉。"又《司勋》："凡有功者，铭书于王之太常。"《士丧礼》为铭各以其物（《注》杂帛为物），亡则以缁，曰某氏某之柩。"皆书帛之证。《墨子》（八）《明鬼篇》："古者圣王，必以鬼神为其务，又恐后世子孙不能知也，故书之竹帛，传遗后世子孙；咸恐其腐蠹绝灭，后世子孙不得而纪，故琢之盘盂，镂之金石以重之；有（毕《注》"当为犹"，国维案，"有"即"又"字）恐后世子孙不能敬若以取羊，故先王之书，圣人一尺之帛，一篇之书，语数鬼神之有也，重又重之。"《墨子》之书，虽作于周季，然以书竹帛称先王，则其来远矣。《晏子春秋》（七）："昔吾先君桓公，予管仲狐与谷，其县十七，著之于帛，申之以策，通之诸侯。"《论语》："子张书诸绅。"《越绝书》（十三）："越王以丹书帛。"《韩非子·安危篇》亦云："先王致理于竹帛。"则以帛写书，至迟亦当在周季。然至汉中叶，而简策之用尚盛。《汉书·公孙贺传》朱安世曰"南山之竹不足尽我辞"。是狱辞犹用简也。刘向《序录》诸书，皆云"定以杀青"，是书籍多用简也。《汉书·艺文志》所录各书，以卷计者，不及以篇计者之半。至言事通问之文，则全用版奏；少竹之处，亦或用以写书，虽蔡伦造纸后犹然。晋时户口黄籍，尚用一尺二寸札，至晋末始废。《初学记》（二十一）引桓元《伪事》曰："古无纸，故用简，非敬也。今诸用简者，皆以黄纸代之。"至版牍之废，则尚在其后。晋人承制拜官则曰"版授"，抗章言事则曰"露版"。《南史·张兴世传》："宋明帝即位，四方反叛……时台军据赭圻，朝廷遣吏部尚书褚彦回就赭圻行选。是役也，皆先战授位，檄板不供，由是有黄纸札。"盖简牍时代，肇于缣素之先，而尚延于谷网等纸之后，至南北朝之终，始全废矣。

既知简牍之制，则书记所用之版牍，亦略可识矣。至书牍之封缄法，则于牍上复加一板，以绳缚之。《古今注》（下）："凡传皆以木为之，长五寸，书符信于上，又以一板封之，皆封以御史印章。"此虽言符传，然可以见书函之制。其所用以封之板，谓之检。《说文》（六）："检，书署也。"此为"检"字之本义，其所书署之物，因亦谓之检。徐锴《说文系传》（十一）检，书函之盖也。玉刻（今祁氏重刊宋本作"玉刻"，疑"三刻"之讹）其上，绳封之。然后填以金泥，题书而印之也。大唐开元封禅礼，为石函以盛玉牒，用石检也。"戴侗《六书故》亦云"检状如封箧盖，以木为之"，其说盖从《系传》出。今案，徐说颇确，当有所本，惟由封禅所用玉检、石检遂谓通用之检如是，未免小误。然欲明检之制度，亦舍封禅之检末由矣！《汉书·孝武纪注》："孟康曰：'王者功成治定，告成功于天……刻石纪号，有金策石函金泥玉检之封。'"案，历代东封泰山者，有秦始皇、汉武帝、光武帝、唐高宗、元宗、宋真宗凡六次。秦制不可考，汉武封禅之礼，史亦不详。惟光武所用，尚为元封故事，其典物具详。《续汉书·祭祀志》曰："有司奏当用方石，再累坛中，皆方五尺，厚一尺，用玉牒书藏方石。厚五寸，长尺三寸，广五寸，有玉检。又用石检十枚，列于石旁，东西各三，南北各二，皆长三尺，广一尺，厚七寸。检中刻三处，深四寸，方五寸，有盖。检用金缕五周，以水银和金为泥。玉玺一方寸二分，一枚方五寸。"又云，"尚书令奉玉牒简，皇帝以寸二分玺亲封之，讫，太常令人发坛上石，尚书令藏玉牒已，复石覆讫，尚书令以五寸玺封石检"云云。此仅言玉检，未言其用，石检十枚，但云列于石旁，未言其嵌合之道也。凡诸疑窦，览唐制而始明。唐封禅玉石检制度，见于《开元礼》（六十三）、《通典》（五十四）、《旧唐书·礼仪志》、《唐书·礼乐志》者，大略相同，而《旧志》之文尤明。文曰："造玉策三枚，皆以金绳编玉简为之。每简长一尺二寸，广一寸二分，厚三分，刻玉填金为字。又为玉匮一，以藏正座玉策，长一尺三寸。并玉检方五寸，当绳处刻为五道，当封玺处刻深二分，方一寸二分。又为金匮二，以藏配座玉策。又为黄金绳以缠玉匮、金匮，各五周。为金泥以泥之。为玉玺一枚，方一寸二分，文同受命玺，以封玉匮、金匮。又为石䃲，以藏玉匮（此二字据《通典》补）。用方石再累，各方五尺，厚一尺。刻方石令容玉匮。䃲旁施检处（《开元礼》"处"作"篆"，《新志》无"处"字，皆误），皆刻深三寸三分，阔一尺。当绳处皆刻深三分，阔一寸五分。为石检十枚，以检石䃲，皆长三尺，阔一尺，厚七寸。皆刻为印齿三道，深四寸。当封玺处方五寸，当通绳处阔一寸五分，皆有小石盖，以检抆封泥。其检立于䃲旁，南方、北方各三，东方、西方各二，去䃲隅皆七寸。又为金绳以缠䃲，各五周，径三分。为石泥以泥石䃲，其泥，末石和方色土为之。"宋祥符封禅制度，见于《宋史·礼志》者，亦与此同。皆足补《汉志》之简略者也。汉封禅玉牒检，《祭祀志》不详其制，惟唐贞观十一年，左仆射房元龄议制封禅玉牒曰："今请玉牒长一尺三寸，广厚各五寸。玉检厚二寸，长短阔一如玉牒。其印齿请随玺大小，仍缠以金绳五周。"（《通典》及《旧志》）此略同于《续汉志》所云，而稍详明，盖从汉制。后麟德封禅，从许敬宗等议，废牒用策，其藏策玉匮之检，又与此不同，（见上所引）亦当别有所本。然则检之为制，自有长短：其与底同广袤者，玉牒之检是也；其广同而袤少杀者，玉匮之检是也。若石检则形制全异，随石礛之形而变通之者也。此三者不必尽同，而其加于封物之上刻数线以通绳，刻印齿以容泥、以受玺、以完封闭之用，则所同也。建武封禅用元封故事，而唐复用建武故事，则视《唐志》所云为汉制，无不可也。由汉玉牒石礛之检以推书函之检，亦无不可。书函之上，既施以检，而复以绳约之，以泥填之，以印按之，而后题所予之人，其事始毕。故《论衡》（十二）《程材篇》曰"简绳检署"，然则署为最后之事，许君所释仅以最后之用言，未为赅也。若以徐、戴之说为不足，请征诸汉唐人之说。《释名》（六）："检，禁也。禁闭诸物使不得开露也。"又："书文书检曰署。署，予也，题所予者官号也。"明检与署为二事也。《急就篇》："简札检署槧牍家。"颜师古《注》："检之言禁也，削木施于物上，所以禁闭之，使不得辄开露也。署谓题书其检上也。"此即用《释名》之说。《广韵》云，检，印窠封题也。"此语当为陆法言、孙缅旧文。其实"印窠封题"皆检之附属物，而非检，其说之不赅备，亦略与许君等也。若犹以汉唐人之说为不足，则请引汉人之检以明之。

《汉书·王莽传》:"梓潼人哀章,见莽居摄,即作铜匮,为两检,署其一曰'天帝行玺金匮图',其一署曰'赤帝行玺某传予黄帝金策书'。某者,高皇帝名也。""赤帝行玺某",盖封泥之文,而"传予黄帝金策书",则所署之字也。如以书籍所记者为不足,则请征诸实物以明之。近斯坦因于于阗所得书牍有二种:其一种刹上者,检与牍同大小,与唐房元龄所议玉牒检同;其作长方形者,则检略短于牍,与唐玉匮之玉检同,其嵌于牍中,又与唐石礩之检同。至其刻线以通绳,刻印齿以容泥,则二种并同。则检之为书函之盖,盖一定而不可易也。

检之与牍同大小者,亦谓之柙,又谓之检柙。《说文》(六):"柙,检柙也。"《说文系传》(十一):"臣锴曰:'谓书函封之上,恐摩灭文字,更以一版于上柙护之,今人作"柙"。古封禅玉检上用柙也,今人言文书柙署是也。'"案,徐说似是而非。古封禅石检,当玺处有盖,玉检未尝用柙。唯玉牒上之检,与牒之长短广狭均同,与"柙"之字义合。若检,则大小之通称,柙可云检,而检不必尽为柙,如唐封禅金玉匮之检,其广与匮同,而其袤减匮之八寸,不能相夹,则不得命之为柙矣。

检之为制,有穹窿,其背作正方形如覆斗,而刻深其中以通绳且容封泥者,汉时谓之斗检封。《周礼·司市》:"凡通货贿,以玺节出入之。"《注》:"玺节印章,如今斗检封矣。"贾《疏》:"案汉法,斗检封,其形方,上有封检,其内有书;则周时印章,上书其物，识事而已。"《疏》语不明。余观斯坦因所得之刬上书牍，而悟其为汉斗检封之制，然后知阮文达、张叔未诸公，以汉不知名之铜器为斗检封者，失之远矣。今传世铜器，有方汉尺一寸一分许，高二分许，南北二边正中有孔，底面有篆文四，曰"官律所平"，底背亦有篆文四，曰"鼓铸为职"。文达《积古斋钟鼎彝器款识》（十）及鲍昌熙《金石屑》（一）均摹其形制文字，今传世尚多，余所见一枚，仅有底背铭四字，曰"官律所平"，其余形制皆同。初疑边上二孔为通绳之处，或施于检上以容封泥，然玩其铭文，当为嘉量上之附属物，决非作封检之用者。且苟用诸封检，则底面之文，适在封泥下，而底背之文，又紧附于检上，均为赘设。若以斯氏所得刬上书牍之封检当之，则无乎不合。"斗"，以言乎其形；"检"，以言乎其物；"封"，以言乎其用。盖秦汉之遗物而留传于西域者也。

汉时书牍，其于牍上施检者，则牍检如一，所谓检柙是也。然大抵以囊盛书，而后施检。《汉书·东方朔传》文帝"集上书囊以为殿帷"，则汉初已用之。天子诏书用绿囊。《汉书·赵皇后传》"中黄门田客持诏记，盛绿绨方底，封御史中丞印"；《西京杂记》（四）"中书以武都紫泥为玺室，加绿绨其上"；《汉旧仪》"玺以武都紫泥封，青布囊，白素里，两端无缝，尺一板，中约署"是也。亦用皁囊；《后汉书·公孙瓒传》"皁囊施检，文称诏书"是也。臣下章表则用皁囊。《独断》云："凡章表皆启封，其言密事，得皁囊盛。"亦用绿囊。《汉书·赵皇后传》许美人"以苇箧一合盛所生儿，缄封，及绿囊报书"

是也。亦用赤白囊。《汉书·丙吉传》吉驭吏"见驿吏持赤白囊,边郡发犇命书驰来"是也。通用函牍亦用皁囊。《通典》(五十八)"东晋王堪六礼辞……裹以皁囊,白绳缠之,如封章。"至囊之形制,则《汉书》谓之"方底"。师古曰:"方底,盛书囊,形若今之算縢耳。"唐算縢之制不可考。《旧书·舆服志》:"一品以下带手巾、算袋。"算袋即算縢,亦不言其制。《玉篇》:"两头有物,谓之縢担。"《广韵》:"縢,囊可带者。"合此二条及《汉旧仪》所纪观之,其制亦不难测。《旧仪》云:"青布囊,白素里,两端无缝,尺一板,中约署。"(《唐六典》引作"两端缝,尺一板",然《续汉志》、《通典》诸书所引"缝"上皆有"无"字,殆《六典》误也。)两端无缝则缝当纵行而在中央,约署之处即在焉,则其形当略如今之捎马袋。("捎马"之音,疑"算码"之转,谓"算"为"马",自《礼·投壶》已然,今日犹谓之"筹马",盖即唐之算袋。)故两头有物,则可担,其小者可带,亦与縢之制合也。唯中央之缝,必与囊之长短相同,否则书牍无由得入耳。以上所引书牍之封,恒在囊外,惟《西京杂记》所云"中书以武都紫泥为玺室,加绿绨其上",又似封而后加囊者。案,汉诏皆重封,《独断》:"凡制书,有竹使符,下远近,皆玺封,尚书令重封。"殆玺封在囊内,而尚书令印封在囊外。宫中书,御史中丞印封亦在囊外,观《赵后传》语可知。皁囊施检,亦施于囊外之证也。囊用布帛为之,故其检亦或用帛,《说文》(六):"检,书署也。"又(七):"帖,帛书署也。"知用木谓之检,用帛谓之帖，至后汉之末，始见书函。《初学记》（二十一）引魏武令曰："自今掾属、治中、别驾，常以月朔各进得失，纸书函封，主者朝，常结纸函各一。"此函以何物为之，亦不可考。然东晋六礼版文，尚用皁囊，而如封章，则江左之初，犹有存焉者矣。

古之书牍，所以兼用梜与囊者，盖有故焉。盖用梜则每书仅能一读，惟短文为宜，若用数牍或至数十牍，势必一牍一梜，不便孰甚焉。用囊则一书牍数稍多无害，且书牍各面均可书字。《通典》（五十八）："东晋王堪六礼辞，并为赞颂仪文，于板上各方书礼文，婿父名、媒人正板中，纳采于板左方。裹以皁囊，白绳缠之，如封章。"此所谓各方，或指牍面之上下左右，尚未足为各面书字之证。然《汉书·赵皇后传》："客持诏记与武，问：'儿死未？手书对牍背。'武即书对：'儿现在，未死。'"师古曰："牍，木简也。时以为诏记问之，故令于背上书对辞。"答书犹书牍背，则书语遇牍面不能容时，必书牍背无疑矣。然苟不用囊，则牍背向外，势无可书之理，此书囊之制之所以广也。

绳缄之法，亦无定制。古封禅玉石检，皆以金绳五周。至今日所见古封泥，则底面绳迹有从有横，有十字形，而以横者为多。其迹自一周以至五周皆有之。唯斯坦因所得于阗古牍，则检上皆刻通绳处三道，每道以绳一周或二周。古封禅石检，其通绳处亦三道，每道各五周，古金人之"三缄其口"，或即以缄牍之法缄之。而于阗古牍，或犹用周、汉之制也。自书囊盛行而检绳之制多不如法，故今日所见封泥，罕有作正方形如斗检封之埴者，其绳迹亦少整齐划一者，盖已非最古之制矣。

古牍封处，多在中央，《汉旧仪》所谓"中约署"是也，于阗古牍亦然。惟汉时传信亦有两封、三封、四封、五封者。《汉书·孝平帝纪》"一封轺传"《注》："如淳曰：'律，诸当乘传及发驾置传者，皆持尺五寸木传信，封以御史大夫印章。其乘传参封之。参者，三也。有期会累封两端，端各两封，凡四封也。乘置驰传，五封也，两端各二，中央一也。轺传两马再封之，一马一封之。'"此以封之多少为尊卑，盖传信特别之制，若书牍之封，固不必如此烦复矣。

古人以泥封书，虽散见于载籍，然至后世，其制久废，几不知有此事实。段氏《说文注》（十三下）至谓"周人用玺书印章，必施于帛，而不可施于竹木"。封泥之出土，不过百年内之事。当时或以为印范，及吴氏式芬之《封泥考略》出，始定为封泥。然其书但考证官制、地理，而于封泥之为物，未之详考也。案，《说文》（十三）《土部》："玺，王者之印也。以主土，从土，尔声。籀文从玉。"段氏《注》曰："盖周人已刻玉为之，曰籀文从玉，则知从土者，古文也。"段《注》以玺为古文，其说甚是。惟许君谓玺以主土，故从土，则颇有可疑者。古者上下所用印章，通谓之玺，玺非守土者所专用。窃意玺印之创，在简牍之世，其用必与土相须，故其字从土。《周礼·职金》："揭而玺之。"用玺于揭上，非用封泥不可。《吕氏春秋》（十九）《离俗览》："故民之于上也，若玺之于涂也。抑之以方则方，抑之以圆则圆。"《淮南子》（十一）《齐俗训》亦云："若玺之抑埴，正与之正，倾与之倾。"《续汉书·百官志》少府官属有守宫令，"主御纸笔墨，及尚书财用诸物及封泥"。"封泥"二字，始见于此。古人玺印皆施于泥，未有施于布帛者，故封禅玉检则用水银和金为泥，天子诏书则用紫泥，常人或用青泥。（《御览》六百六引《东观汉记》）其实一切粘土，皆可用之。宋赵彦卫《云麓漫钞》（十二）云："古印文作白字，盖用以印泥，紫泥封诏是也，今之米印及印仓廒印近之。自有纸，始用朱字。"案，古印但以印泥，其说甚确。惟印文之阴阳则颇不拘。今周秦古玺多作阳文，惟汉印多阴文，故封泥之文亦有阴阳二种。赵氏之言未尽确也。惟印泥之废与印绢纸之始，殊不可考。《周礼·载师》："宅不毛者，出里布。"郑司农云："布参印书，广二寸，长二尺，以为币，贸易物。或曰：布，泉也。"后郑则用后说。若如前说，又不知所谓"布参印书"者，为于布上施印乎？抑以泥附于布上而印之也？惟汉时门关之传，用木之外，兼用缯帛，《汉书·终军传》"关吏予军缯"是也。《古今注》谓"传皆封以御史印章"，则缯亦当用印，或竟施于帛上，亦未可知。自后汉以降，纸素盛行，自当有径印于其上者。唐窦臮《述书赋》（下）："印验则玉斸胡书，金镌篆字，（中略）古小雌文，东朝周颙。"唐代流传之古迹，仅有绢素，则晋周颙之印当施于其上矣。至南北朝，而朱印之事始明著于史籍。后魏中兵勋簿，"令木曹尚书以朱印印之"，又令"本军印记其上，然后印缝"(《魏书·卢同传》)。后齐有"督摄万机"印一钮，"以木为之，此印常在内，惟以印籍缝"(《隋书·礼仪志》)。而梁陆法和上元帝启文，"朱印名上，自称司徒"(《北齐书·陆法和传》)。盖印泥之事，实与简牍俱废矣。

若夫书牍封题之式，则亦不可得而详。《释名》："署，予也。题所予者官号也。"《王莽传》："哀章作铜匮，为两检，其一署曰'天帝行玺金匮图'，其一曰'赤帝行玺某传予黄帝金策书'。"疑"天帝行玺"、"赤帝行玺"八字乃封泥上之玺文，而非题署者。盖有玺印，自不烦更题寄书之人，但题所予之人与所予之物足矣。《通典》（五十八），后汉郑众《百官六礼辞》，六礼文皆封之，先以纸封表，又加以皁囊，著篋中，又以皁篋衣表讫，以大囊表之，题检上言谒表某君门下某，礼物凡三十种，各有谒文，外有赞文各一首，封如礼文篋，表记蜡封题，用皁帔盖于箱中。无囊表，便题检文，言谒篋某君门下，便书赞文通（"通"上疑脱"几"字），共在检上。"由此观之，则检上所题，但所予之人与所遗之物，不题予者姓名也。至东晋王堪《六礼辞》"裹以皁囊，白绳缠之，如封章。某官某君门下封，某官甲乙白奏，无官言贱子"，则兼题予者姓名，盖其时封印之制已渐废不用矣。

《宋代金文著录表》序

古器之出,盖无代而蔑有。隋唐以前,其出于郡国山川者,虽颇见于史,然以识之者寡,而记之者复不详,故其文之略存于今者,惟美阳、仲山父二鼎与秦权、莽量而已。赵宋以后,古器愈出,秘阁太常既多藏器,士大夫如刘原父、欧阳永叔辈,亦复搜罗古器,征求墨本,复有杨南仲辈为之考释,古文之学勃焉中兴。伯时与叔复图而释之,政宣之间,流风益煽,籀史所载著录金文之书至三十余家,南渡后诸家之书犹多不与焉,可谓盛矣。

今就诸书之存者论之,其别有三:与叔《考古》之图、宣和《博古》之录,既写其形,复摹其款,此一类也。啸堂《集录》、薛氏《法贴》,但以录文为主,不以图谱为名,此二类也。欧、赵金石之目,才甫《古器》之评,长睿《东观》之论,彦远《广川》之跋,虽无关图谱,而颇存名目,此三类也。国朝乾嘉以后,古文之学复兴,辄鄙薄宋人之书,以为不屑道。窃谓《考古》、《博古》二图,摹写形制,考订名物,用力颇巨,所得亦多。乃至出土之地,藏器之家,苟有所知,无不毕记,后世著录家当奉为准则。至于考释文字,宋人亦有凿空之功,国朝阮、吴诸家不能出其范围;若其穿凿纰缪,诚若有可讥者，然亦国朝诸老之所不能免也。

今错综诸书，列为一表。器以类聚，名从主人，其有异同，分条于下，诸书所录古器有文字者，胥具于是。惟《博古》所图钱镜，《啸堂》所集古印，较近世所出，厥数甚尠，姑阙焉，以供省览之便云尔。至于厘订名称，是正文字，则非此表之所有事矣。甲寅五月。